斉藤和巳

エースの銀言

人生のディフェンス力

はじめに

〝球春〟という文字を見ると、真新しいユニフォームを着た球児たちの掛け声が聞こえてくる。

緑が芽吹き始めた土手の景色、完全には乾ききっていないグラウンドと土の匂い、ランニングを始めた選手たちのかすかな白い息、そして陽のあたる場所から立ちのぼる水蒸気。野球という競技の、クライマックスへ向けた序章が〝球春〟なのである。この日本独特の表現は、日本人の五感を刺激し、そして内なる興奮を高めてくれる。

正岡子規が「春風や　まりを投げたき　草の原」（筆まかせ・明治23年）と詠んだように、野球好きは春になったら、まり（ボール）を投げたくなるもの。子規が生きた時代と現代では環境に大きな差があるかもしれないが、それでもボールを投げて、打って、走ってみたくなるのは、明治時代に野球というスポーツがわが国に紹介されて以降、多くの日本人の遺伝子に組み込まれた本能のようなものなのだ。

ベースボールはアメリカ発祥のスポーツであるが、日本に伝えられ、プロと学生野球がその隆盛を担い、技術や戦術・スタイルと同時に、精神性までも磨く競技になった〝野球〟は、日本独自の文化性をまとっている。ベースボールと野球は同じルールで行われるが、アメリカ側からはしばしば「別のスポーツだ」と揶揄されることもある。比較文化論的観点で研究したら、両国の宗教や生活習慣、文化や国の歴史にまでその差に影響があることが解明されることだろう。ロバート・ホワイティングの著書「菊とバット」などは、一方の視点ではあるがベースボールと野球の違いを知ることができる比較文化論といえるだろう。

近所のグラウンドに足を運び、少年野球を観戦することがある。自分は草野球の経験しかないが、長年野球を見続けていると、ちょっとした法則のようなものに気が付くことがある。よく訓練され、鍛えられたチームは試合前の守備練習の際、ベンチの横にバットとヘルメットが一直線に並んでいるのだ。隙なく並べられた用具は、ある意味相手への威嚇にもなる。チームスポーツである以上、トップ（監督）からの意思が選手のすみずみにまで行き渡っているように見えるのは大切なこと。その光景を見て思い出すのは、塵ひとつない神社仏閣や美しいシンメトリーの建築、ステンドグランスなどで装飾された教会。厳かな場所の装飾や空気を感じて、人は自然と緊張を覚えるもの。洋の東西を問わず、訓練された布陣の軍隊が屈強だと言われるように、野球という戦いの中でも、引きしまったユニフォーム姿や一糸乱れぬ整列、隙なく並べられた用具は、戦う前から相手に緊張感を与え、相手を飲み込み、その緊張感で相手チームが思い通りのプレーが出来なくなることがあるかもしれない、ということを見越したひとつの戦術のような気がする。

学生スポーツの世界で指導者のパワハラが社会問題となる昨今であるが、チームスポーツである以上、戦術のための決まりごとはやはり選手に守らせなければならない。そうした指導が行き過ぎて暴力となるのは問題だ。しかし、規律を守ることでチーム力が上がるという観点に立った指導を否定すべきではない。日本の野球はそうやって文化を醸成してきた。確かに選手をチェスの駒や機械のように動かすことを好む指導者がいることは否めない。ただ、選手の側にその指導を理解できる〝脳〟があれば、厳しい練習は意味あるものとなる。いわゆる野球脳、ベースボールＩＤが優れた選手というのはたまにいて、超人的な肉体と運動神経、そしてセンスを持ったプロ野球選手の中にも野球脳の優れた優秀な人材がいるのだ。

その最たる例が斉藤和巳という投手だった。

２０１３年に引退した斉藤であるが、いまでもその名を耳にすると「あ〜、大好きなピッチャーだったなぁ」と、しばしの思い出にふけるプロ野球ファンは多い。ほとんどの人は２００３年から２００６年にかけての無双状態と、２００６年の涙のクライマックスシリーズを思い浮かべているはずだ。当時のプロ野球新記録となる先発登板16連勝&登板試合15連勝（２００３年）、しかもその15連勝は〝勝敗の付かない試合を挟まない〟連勝記録。つまり、中5日〜6日の登板間隔で斉藤がマウンドに上がった15試合は全部勝ったことになる。週1回の登板でも3か月以上、登板すれば勝ちゲームが続いたわけだ。ゲーム世代には、メタルスライムの剣と盾と鎧と兜を装備したレベル99の勇者みたいな状態、といえば解りやすいかもしれない。驚くことにその無双は翌々年（２００５年）にも繰り返され14連勝を記録。プロ野球史上初となる、14連勝以上を複数回達成した投手となった。あの王貞治監督をして「ピッチングの神様が乗り移っていた」と言わしめた巨人相手の準完全試合、二度の沢村賞、2リーグ制分立後4人目となる投手5冠、そしてクライマックスシリーズで完投しながら１−０で敗れた涙のサヨナラ負け。プロ野球でも投手の分業化が進み、投手の理想とされた先発・完投がなかなか生まれにくいいまのいまの時代からすると、まさに無双である。だが、強さだけではない、薄いガラスのような儚さが、斉藤の魅力でもあった。

さて、そんな斉藤和巳であるが、印象的だったプロでの活躍やドラマチックな野球人生とは別に、野球とは直接関係のない分野の人たちの間で、しばしばその言葉の的確さ、クレバーさが噂になっている。あるマーケティングプランナーの言葉を借りるならば、「斉藤和巳さんの話は、野球を超えた人生哲学みたいだ」という評価だった。入団直後からルーズショルダーという肩の故障に悩まされ、決して順風満帆な野球人生ではなかったかもしれないが、だからこそ、彼の言葉には挫折を味わいそれを乗り越えた人間の力強さと、優しさが同居しているのかもしれない。

ＭＬＢで数々の記録を打ち立て、将来の野球殿堂入りは確実と言われるイチローは〝準備と頭を使った野球〟の重要性をことあるごとに口にしている。もちろんイチローも、本書の主役である斉藤和巳も、類まれなる運動能力を有していたからプロで活躍できたのは間違いない。しかし、その才能を最大限に発揮させるのは勢いや負けん気、根性、飽くことなきトレーニングの日々だけではない。よりよいパフォーマンスを得るために何をすべきか、という『野球脳』にこそ、われわれが学びたい真理が隠されているのではないだろうか。そして斉藤和巳は、その野球脳で得た経験や結果を、実に分かりやすい言葉で伝えてくれる。会話を続ければ、感嘆符の連続である。ただし、斉藤の言葉を一冊の本にするにあたり、成功者の経験談を高所から投げかけるようなことしたくなかった。斉藤和巳はまだ、人生の半分くらいしか生きていない若輩者なのだ。

この本は斉藤和巳という不世出のピッチャーへのインタビューをもとに、その独特でありながら怜悧な思考法が、野球というジャンルを超え、普通の人々の人生やビジネスの世界においてもポジティブな影響を与えるのではないか、という視点から生まれた。斉藤が経験したプロ野球という特殊なフィールドでの経験談が中心であるが、その根底に流れる彼独特の思考法、判断力、そして準備への心構えはそのまま、一般社会に生きるわれわれ自身に置き換えても充分に魅力的なヒントを与えてくれるはずである。

『金言』という言葉がある。

歴史的な偉人やその道を究めた成功者が発する、ありがたいお言葉である。仏教において〝仏さまの口から説かれた尊い教え〟を指す言葉であるのに、近年、この「金言」と銘打った書籍や情報の見出しを目にすることが多い。本当は仏さまのありがたいお言葉なのに、まだまだ未熟で悟りも開けていない輩が乱発している金言には、果たして人を救う力はあるのだろうか？

一方、斉藤和巳の言葉は上から目線の金言ではなく『銀言』。たとえて言うならば、仲のいい近所のお兄さんや部活の先輩がときどき発する、ハッとするようないい言葉、得心のいく助言に近い。

『銀言』だからこそ、その言葉は限りなく身近であり、限りなくわれわれの思考にヒントや刺激を与えてくれる存在になると信じている。

土居輝彦

序章　ドラフト1位　斉藤和巳

一球団に1人、プロ野球全体でも年に12人。日本野球機構が開催する、新人獲得のために行われるプロ野球ドラフト会議（正式名称：新人選手選択会議）で、もっとも注目を集めるドラフト1位選手。選手本人のみならず、親兄弟はもちろん、所属している学校やチームの監督、関係者、チームメイト、ご近所の知人にまでマスコミが押し寄せる。当然のように周囲の期待は高まる一方だ。たとえば甲子園や大学野球、あるいは社会人野球で大活躍して、ドラフト前から注目されることに慣れていているような選手ならまだいい。マスコミのマークから外れていたり、中央では無名の選手がドラフト1位になったりすると、当事者である選手本人が感じるプレッシャーは並大抵のものではないだろう。１９９５年の福岡ダイエーホークス（現・福岡ソフトバンクホークス）のドラフト1位だった斉藤和巳の場合がまさにそれで、全国的に無名だったことはもちろん、甲子園出場もなし、席を置いていたのは野球強豪校でもなかった。ただ、高校三年生になる春休みの鹿児島実業との練習試合で、甲子園の常連だった相手チームの監督（久保克之・現名誉監督）が斉藤の投手としての才能を高く評価したことで、プロ野球スカウトからの注目を集めるようになった。

「高校時代にたいした成績も残していないし、エリートでもない僕がドラフト1位で指名されたのは何だか不思議な感覚でした。ただホークスのスカウトの方が最初から熱心に誘ってくれたのと、最低4年はじっくり身体作りさせてくれることを約束してくれたのが大きかったですね。プロの身体ではなかったし、ピッチャーとしての経験値も全然でしたから。実は僕、少年野球を始めた頃はピッチャーじゃなかったんです。ボーイズリーグで野球を続けていた中学3年生の時に初めてピッチャーを始めたんです。でも生まれつきのルーズショルダー（肩関節不安定症）で、高校に入ってからも肩が痛い時期が長く、コーチがずいぶんと気を使ってくれたんだなと思います。いま思うと、本当に大事に育てていただきました。

運、不運でいうならば、僕は運が良かった。才能はあるのに、高校野球で無理をして身体を壊した選手はたくさんいるでしょう。幸い、僕が行った高校（南京都高校・現廣学館）は野球強豪校ではなく、過酷な投げ込みとか、勝利のために選手に無理をさせるようなチームではなかった。やっぱり指導者って大きいですよね。よく我慢して育ててくれたなと思います。」

夢と現実のプロ野球

高校を卒業したばかりのピッチャーが大活躍できるほどプロの世界は甘くない。堀内恒夫や松坂大輔のような選手は、だから怪物と呼ばれるのである。そして怪物は毎年いるわけではない。ほとんどの高卒選手はその実力差に驚き、プロの壁にぶち当たり、もがき、苦しみながら這い上がることを夢見ている。ドラフト1位の大物ルーキーでもそれは変わらない。

18歳の斉藤は、2月のキャンプを二軍でスタートした。背番号はドラフト1位とは思えない66。入団してすぐに肩の故障に見舞われ、結局1年目は二軍でも1試合も投げられなかった。走るのが嫌いなのでランニングもおろそか。練習が終わった後や休日は、誘惑の多い博多の街で遊んでいた。海を渡ってＭＬＢへ身を投じた大谷翔平や菊池雄星、2019年のドラフトで注目を集めた佐々木朗希など、現在ならば将来性のある高卒ルーキーにきちんとした育成プランが課せられるが、斉藤がホークスに入団した1995年当時はウエイトトレーニングでさえまだ一般的ではなく、とにかく「ピッチャーは走って足腰を鍛えろ！」というのがほとんどだった。

「ドラ1で入団した年に一度も投げられなかったわけですから、結構先輩たちからキツイことを言われたりもしました。リハビリだけでしたし、そこに真面目に集中することなど当時の僕には無理な話。どうしていいのか解らない、というのが正直なところでした。2年目になってやっと試合には投げられましたが、特別に自分がいい球を投げられているとは思いませんでした。二軍ではそこそこ投げられて、秋の消化試合に1軍登板も果たしましたが結果は散々。初マウンドはもう、夢のような感覚で、めちゃめちゃ緊張しました。ただ打たれても、悔しさよりも納得が先に立ったというか、まだ実力が伴っていないことは解っていたし、その年に1軍で投げることが目標でもなかった。いまにして思えば、未熟だったなぁと。」

ケガと挫折が教えてくれたこと

3年目の斉藤が残した公式記録は、1軍登板が1試合。3回3分の2の投球で被安打6、3失点。実はまた肩の状態が悪くなっていたのだった。20歳になっていた斉藤にはおそらくドラフト1位のプレッシャーがあったのだろう。二軍の試合でも痛みを隠して投げ続け、とうとうパンクしてしまう。病院で診察を受けた結果は即手術。初めて受ける手術の宣告に、頭が真っ白になったという。しかし、そういう状況に陥った時こそ、斉藤はその独特の思考法でマイナスをプラスに転じてきた。辛いリハビリも、『患部にとってこのつらい状況がベストである』という考え方である。根拠のないポジティブシンキングではなく、冷静に状況を分析して出た解答に則ったポジティブな思考なのである。

「患部を見たら右肩の関節唇が損傷していました。これだと、いくら患部を休ませても完治することはないと言われたんです。結局、僕はプロ野球生活で手術を3回経験することになるのですが、若いときに大きな手術を1回経験していたことが後に生きました。『肩は手術したけど、他は健康なんだからトレーニングできるだろう』と勘違いされるかもしれませんが、衝撃を与えてはいけない時期があって、回復の具合で出来ることも変わってくるのです。手術した後というのは、肩の状態次第でトレーニングの量や質が変わります。体力は有り余っているのに、それをぶつけるところもないわけで、そのときが一番しんどかったです。肩以外は全然元気なのに、やれることがかなり制限されるという。

でも、一度リハビリを経験すると、次からはどういうふうに進んでいくのかが経験値として自分の中に蓄積されてきます。いまはこういう時期なので、これはしょうがないと思うようにすることを学びました。もちろん当時は、それが解っていても毎日が物足りなくて、不安と物足りなさとの戦いです。ぐっと我慢することも覚えました。何にも知らない若造でしたから、そういう経験で知識を得ることは興味深かったですね。

同時に、いまはこれが大切な時期、という考え方ができるようになりました。ただ自分の気力・体力が有り余っているだけで、手術した肩にとってはいま、これはベストな時間の使い方、というような考え方ですね。

恩師、小久保裕紀

小久保裕紀は大きなホームランを打つ印象的な強打者だった。パワプロでしかその名を知らない世代にとっては、あの滞空時間の長い芸術的なホームランは遠い昔の話でしかないのかもしれない。ただ、侍ジャパンの監督をしていたことで、その名はつとに知られているはず。ホークス～ジャイアンツ～ホークスという現役時代、小久保もまた何度か大きな故障を経験している。その小久保がケガでリハビリをしていた１９９８年、斉藤は小久保と共にリハビリを行った。その際に目にした小久保のプロ意識の高さに感銘し、以降はストーカーのように同選手の一挙手一投足を追いかけたという。その年から毎年のようにオフのトレーニングも一緒にこなし、初めてプロとしての意識付けを行うようにもなったそうだ。結局、小久保から薫陶を受けたこの高いプロ意識を、斉藤は引退するまで持ち続けた。

「僕は若い頃、他人にまったく興味が無くて、自分のことしか考えていなかった。それで初めて人に興味を持ったのが小久保さんでした。

最初に故障した時にリハビリで一緒になったことが、僕の中では大きな転機でした。いったん興味を持ち始めたら僕、単純だから今度は小久保さんしか目に入らなくなって、周囲の人に『小久保さんいま何してるの？』って、いつも気にするようになりました。直接話せないから、周囲の人に聞くんですよ（笑）。それで人から聞いた小久保さん、自分の目で見た小久保さんが僕の中でどんどん大きな存在になって、やがて憧れが高じて『こんな人になりたいな』と思うようになりました。プロ野球選手としてもそうだし、人としてもそうでした。

その頃って僕は何の実績もない選手でしたが、この人に認められるようになれたら、まだ野球が続けられると思いました。小久保さんはチームの中心選手、ぼくはまだ二軍のペーペーだった頃の話です。

僕はそれまで野球しかしてこなかったので、ケガをしたことでその野球を奪われるのがものすごく怖かった。だから『この人に近づいていくように努力すれば野球を奪われることはないな』と思うようになったんです。同時に『この人みたいになりたい』という思いですね。

後から聞いた話ですが、最初に王さんがダイエーの監督をやられていたとき、低迷していたチームは昔の弱かった南海ホークス色がちょっと残っていたそうで、王さんはそこでトレードで秋山さん、工藤さん、石毛さん、武田さんたちを獲得し、勝つことを知っている選手をチームに加える改革を行いました。勝ちにこだわる人たちを集めたんです。そうやってチームを成長させ、戦略にのっとったドラフトでいい選手を獲得し、勝つことを覚えさせて、それがやがていまのチームの伝統になっていったんです。秋山さんたちが来たからチーム力が底上げされたというのではなく、秋山さんたちにチームが吸い込まれていった。その繰り返しのなかで、僕も小久保さんに吸い込まれて行ったんです。それがいまのホークスの伝統ですね。

影響はもちろん小久保さんと、林さんという方がいるんですけど、二人の影響をすごく受けている。ただその中で僕は一時期『お前はだいぶ小久保さんを見てきたな』とか、『大分濃く見てきたな』と言われる時期があって、僕の中では嬉しい反面、そこにちょっと怖さも感じていました。

それってただ真似をしているだけなので、それは僕じゃない。小久保さんの真似をして、そう思ってもらったことはいいんですけど、それは僕じゃないので。

そこでちょっと危機感をおぼえ、俺なりに考えたこと、俺の道を行かないといけないと考えるようになりました。ただ基本はこの二人が自分のダメなところに蓋をしてくれている。僕は基本的に怠け者で、ずぼら。同時に面倒くさがり屋で、すぐ楽な方に行ってしまう。でも二人が僕のその悪い部分に蓋をしてくれていた。その蓋を自分で開けようと思えばすぐ開けられるので、それを僕が開ける時って、その二人に対して背を向ける時、という覚悟でした。

僕は生きる中でその二人の存在がすごく大きくて、常にその二人がいるのを覚えていることが、僕の悪いところにできるだけ蓋をしてくれていた気がします。そこから先は自分で作っていかないといけない。それで自分が感じるものをやりながら、でも心の拠りどころとして、帰るところがある。帰るところがあるので、初心に戻ってその景色を見続けようと考えていました。」

プロ野球選手 斉藤和巳が出来上がるまで

【高校野球時代】

選ばれた者だけが享受できる幸運、ドラフト指名。そのとき少年の心の内は？

――斉藤和巳がエースだったチームは、高校最後の全国高校野球選手権京都大会で準々決勝まで勝ち進んだが、最後はコールド負けという結果だった。結局高校3年間で一度も甲子園出場を果たせなかった。当時を回想した斉藤によれば、ドラフトで指名を受けるなんて考えもしなかったそうだ。

プロに行けると思っていなかったので、高校2年生ぐらいまではプロになるということを意識したことはなかったです、まったく。当時のスカウトは、今もいらっしゃる永山さんと、退団された神田さんという方。球団の中に何百人というリストがあって、その中に入っている選手に関して、たとえば関西担当、九州担当などがいて、その担当が自分たちのいろんな繋がりをもとに、候補となる選手を自由に見に行くというのがスカウトなんです。だからプロの目利きで僕に注目してくれていた、永山さんと神田さんには感謝していますね。

地方大会などの公式戦だけではなくて、練習試合もちゃんと見てくれていた。高校3年生になる春、実質まだ2年生なんですけど、毎年恒例になっていた鹿児島遠征に行きました。ウチの当時の監督が沖永良部島出身で、鹿児島への繋がりがあったんです。地方、九州は特にだと思うんですけど、鹿児島も県人愛がすごくて、横のつながりも強固。それで鹿児島遠征に行ったら、強豪校と練習試合をやらせてもらっていました。その中の一つが鹿児島実業でした。

鹿児島実業は甲子園常連の名門校。当時の監督は久保さん。その久保監督が、後々僕も話を聞いたんですけど、スカウトの人に『京都にいいピッチャーいるよ』という話をしていただいたみたいで。その遠征から帰った後から毎週末、いろいろなチームのスカウトが学校に来るようになりました。学生はスカウトとは直接接触できないのですが、試合がある時だけではなく、練習も見に来るケースもありますし、こっそり遠目から見るスカウトもいたりします。日頃の練習態度とか、周囲とどんな感じでやっているのか、っていうのを見たりしているんですよね。

特に高校野球においては、スカウトは監督と学校と親しか接触できません。アドバイスとかもダメ。僕の場合は夏の大会が終わってからも、たまに見に来て頂いたりしていました。夏の大会が終わった段階、8月末から9月あたりは、ドラフトまであと1～2ヶ月くらいなので、その時点で指名は確実という話でした。ただ順位に関して、高校時代は大した成績でもなかったので何位でも、という感じ。ドラ1なんてこだわりはまったくありませんでした。正直、プロに行けるだけでも、という感じでしたね。

――ドラフトは指名される選手だけではなくて、その家族にも大きな決断が突き付けられる。結局は子供の意思を尊重するカタチになるのだろうが、最初から息子は息子、親は親というドライな割り切りはなかなかできるものではない。斉藤の両親はどうだったのだろうか？

実は僕の知らないところで、春先ぐらいから監督と親とスカウトの3人で色々連絡は取り合っていたみたいです。ある日、父親に進路を聞かれた時がありました。

それまでそんな話をしたことはなかったし、次男の僕よりも兄の方が野球に力を入れていたくらいでしたから。結局、兄は途中で野球をやめてしまいましたけど、僕はもうずっと自分のやりたいことを勝手にやっていくタイプでした。ですから、

「高校の後どうするんや」という話を、食事の時にされて、

「何や急に」と思いながら

「野球はやめようと思っている」という風に言いました。

それまで父親と何か進路のことについて話をするというのは基本的になかったですから、唐突ですよね。

「じゃあプロから誘いが来たらどうするんや」という話になっても、

「行けるわけがない。野球上手い奴はごまんといる」と。

高校にも大学にも社会人にもドラフト候補は腐るほどいるのに、そんな中で自分が何十人、何百人の競争を勝ち抜けるわけがないやろ、という思いでした。

「指名されたらどうするんや」

「指名されたらいいけど、それはないって。」

「大学は？」

「大学なんか行くわけないやろ」

「じゃあ何するんや」

「いや別に何も考えてない。野球はやめるつもり」とか言って、春先だったか、夏前ぐらいだったかなぁ。そんな話をしていました。まあその後ドラフトが終わって冬ぐらいに、実は春先からそんな話をしていたんだということを聞いて、だからああいう話が出てきたんだ、と理解したわけです。


――では、そんな斉藤さんが高校時代、「こいつはきっと将来プロに行くだろうな」と思ったのはどんな選手でしたか？

有名な選手っていうのはある程度情報が入ってくるんですよ。僕らの高校は奈良寄りだったので、奈良の学校との練習試合は結構やっていました。天理とやらせてもらったりもした。それで、一つ年下で阪神に行った関本、あれはもう一年の時から有名だったんです。彼が2年の時に練習試合で初めて対戦させてもらったんですが、将来プロに行くかもしれないと噂でしたね。「一個年下の関本って言うんだよ」って。対戦したら、ものの見事にホームラン打たれました。その時の印象は結構残っていて、プロで活躍してた頃みたいに短くバット持っていなかったけど、やられた。

「あーやっぱりこういう選手がプロに行くんやな」と思いました。身体も大きかったですし、見た目も雰囲気があったし、スイングスピードもやっぱり違いました。

ただ、ドラフト候補と噂された選手や、実際にドラフトされた選手たちと何人か対戦しましたが、中には「え、この選手が？」というのがいたのも事実です。しかも、それがドラフト上位とかドラフト1位の選手だったこともある。一つ年上の高校生で在阪球団のドラフト1位のピッチャーがいましたけど、残念ながら全然結果は出なかった。「そうやろな」って思う人もやっぱりいた。スカウトは違う部分を見ていたのかもしれないけれど、プロで活躍するには何かが足りなかったんでしょう。

——その年の11月にドラフト会議があって、福岡ダイエーホークスから1位指名されたわけですが、人生が変わった実感はありましたか?

その瞬間、僕の中で人生がそんなに大きくは変わったとは思いませんでした。ドラフト会議の中継は学校で見ていて、よくあるチームメイトのみんなと一緒に学校で、という感じです。ただそういう結果になった後、周囲が変わったのは実感した。それを一番感じましたね、高校生ながら。

学校自体も僕の扱いが 腫れ物に触るみたいに変化した。卒業生でプロという名の職業に就いたのは、過去にボクサーとか力士とかはいたみたいですが、実質僕が初めてぐらいの感じでした。メディアの注目度も格段に高いし、学校自体がそういう経験が初めてだったので。学校が自分に対して変わったなと感じた瞬間、僕も若かったので「これはもう何やっても怒られないな」(笑)と。常に校則ギリギリのラインでしたよ。

——ドラフトから入団までの話を少し。実際、プロ生活を始めた時に感じたこととか。

僕らは1月から入寮するので、3学期はほとんど行きませんでした。学校は卒業式だけになるんですよ。3学期に入った1月10日から15日の間が入寮式。そのタイミングで入寮してそこから新人合同練習が始まる。キャンプに行くまでの練習期間ですね。そして2月からキャンプに入って、3月の卒業式の時に福岡から京都へ一旦帰ってくるという流れです。

親もとを離れるのはその時が初めてだったんですが、そんなに不安はありませんでした。大体、幼稚園の時とか母親が迎えに来ても、友達んちに行ってくるってそのまま遊びに行って、夕方暗くなってから一人で帰るような子供でしたから。小さい頃からずっとそういう感じだったので、あんまりそういう環境に不安というのを持つことがなかった。高校も初めての連中ばかりの中に行くじゃないですか。最初は色々と気を使いますけど、それでも別に何かそこで不安があるっていうのもない。すべてそういうのが当たり前だと思っていたんだと思います。無意識というか、性分というか。だから18で親元を離れたときも、いつかは離れるんだろうから、というぐらいの気持ちでしたね。

目次

第１章

覚醒前夜 雌伏の時代

〖プロ野球選手時代〗

世間の耳目を集めるドラフト1位がいきなり直面した試練の時

――ドラフト同期の間で、お互いはどう見えていたんでしょうね？

僕のときのドラフトは6位まで。なので、入団は6人だけでした。高校生は僕を入れて3人、あとは大学と社会人ですね。

当時、社会人はまだ金属バットだったんです。だからそこで抑えてこられたピッチャーは、ちょっと違っていましたね。いまの木製バットに変わってからの社会人とは、レベルがかなり違っていた。やっぱり金属バットって、先っぽに当たって詰まっても飛ぶので、それを抑えてきたのは凄い。基本的にドラフト候補で超目玉っていわれているような人でも、ちょっとコースを間違ったらパコパコ行かれるレベルなんですよ。社会人の大人のバッターが金属バットを振って、やや力が落ちるようなバッターでも、タイミングさえ合えばどこまでも飛んでいくぐらいの野球。あの野茂さんが社会人でやっていた時も金属バットの時代。アマチュアの大会だと、キューバなどはパワーもあったのでガンガン打っていた。でも、それを抑えてきている人たちなので、やっぱり違うんですよ。

その時のドラフト3位と4位の先輩が社会人あがりだったんですけど、キャンプで見た時はもう「やっぱり違うな」と。順位は僕の方が上なのに、すでに出来上がっているし、完成されていると思いました。キャッチボールをやるとね、判るんですよ。ボールの質とかキャッチボール自体のコントロールとか、当時の社会人出身者は本当にレベルが高かった。そんな中で完投・完封するピッチャーもいるわけですから、ノーヒットノーランや完全試合と価値的には変わらないんじゃないかと思いましたね。

——じゃあ、18歳の斉藤少年にとって一軍のピッチャーは異次元だったでしょうね?

そうですね。一軍クラスは特に。ちょうど工藤(公康・現ソフトバンクホークス監督)さんがホークスに来て2年目か3年目ぐらいかな。武田(一浩・現解説者)さんがFA

移籍で1年目でした。武田さんは僕と同じ年にホークスへ入団されたんですけど、一軍選手クラスのピッチング練習は、僕ら若い選手はキャンプでたまに見学に行かされていたりしていました。

で、工藤さんとか武田さんとかは本当に凄かった。僕は武田さんのピッチングを後ろから、ずっと見させてもらっていたんですけど。「もう、何このコントロール?」っていうくらい動かないんですよ、キャッチャーのミットが。ボールが高めには絶対にいかない。低めにビシッといく。もう、それを見るだけで「うわぁ~」ってなりましたね。やっぱり違うな、やっぱり一軍で結果残す人は、と思い知らされました。工藤さんのカーブなんか、投げた瞬間、見ているこっちがビクッとしてしまうぐらい、ピューンって一回跳ねていくんですよ、上に。そこからブレーキかかってガクーンと落ちていく。「すごいな~」って、ファン目線で見ていましたよ、その時は。

ただ、僕自身は当時、1年目から一軍というのを目指しているわけではなかったので、焦りはなかったですね。別にすぐに上がれるとは思ってなかったですし、スカウトからもじっくり身体を作ってから、という話をされていたので、別に一軍を意識するということはありませんでした。ただただもうファン目線で、「数ヶ月前までテレビで見ていた人たちがいま目の前で野球やっている」っていうのをワクワクして、本当に子供時代にかえって見ているような感じでした。

――でも、元々自分はプロではちょっと無理かな、みたいな感じだったのが、数ヶ月、半年後にその環境に身を置くことになり、実際に凄いプレーを見て、自分の中であと何年くらい身体を鍛えてトレーニングすればそこに行けるだろう、みたいな計画っていうのはあったんですか？

まったくなかったですね。結局、意識が低かったんですよ。それを目指してない人間が降って湧いたようなプロ入りになったことで、周りに身を任せていたら、ただここにいたという感じでしたから。別に何のプランもなく入ったので、数年間はしっかり鍛えてなんていうビジョンも実はあまりなかったんです。「俺、野球選手になれた」みたいな、ちょっと天狗になっている自分もいましたし、それで満足している部分も当時は多分にあったと思います。

――入団して最初にどんなトレーニングをしたか覚えていますか？

走らされましたね。高校の時と比べても長い距離を。入寮するまではホークスからメニューをもらって、それに沿って一人でトレーニングしていたのですが、それでも筋肉痛が酷くて。電車通学していたのですが、つり革を持たないと立ち上がれないぐらいの筋肉痛がずっと取れなくて。「こんなに練習するんか」、と。階段もまともに降りられなかったです。

元々僕は体が弱くて、筋力もなかったので、そのメニューをずっとやらされていました。こんなことするのかプロは、という感じでした。でも正直、1月、2月のトレーニングでは意外と身体が元気だったんですよ。真面目にトレーニングやっていたから。多分そのトレーニングが高校時代の中で、一番真面目にやったと思います。だから入団後のトレーニングはそんなにキツいっていう感じはなかったです。特にキャンプは、1年目の前半はもう元気が有り余っていたくらい。騙されたと思いましたもん、あんなキツい練習しないじゃないか全然、みたいな。

――どんな種類のトレーニングが多かったんでしょうか？

いまとは違って、僕がプロになった頃はまだ、ウエイトトレーニングはピッチャーに関しては主流ではありませんでした。基本的には下半身のトレーニングですね。走る（ランニング）と、下半身強化。下半身強化というのは、自重で横に動いたり、ジャンプしたり、ラインを上ったりといった運動です。もちろん、ピッチング練習はさせてはもらえました。今日は立ち投げで、とか、ある程度いったら座って投げてもいいよ、みたいなそういう細かい指示はありましたけど。

でも、練習で投げるのと本番で投げるのってやはり全然負担が違うんです。やはりバッターが立つと、自分の意識の中でより力みが出てくるというか。やはり打たれたくないとか、もっと言うとコントロールの悪いピッチャーは更にそうですけど、ストライク投げないといけない、フォアボール出しちゃいけない、というふうに脳みそが働いてしまう。どこか無意識に身体が制御されたりしてしまうと、いろんなストレスがかかってきます。

――あまり思い出したくないかもしれませんが、怪我をされたのは何年目でしたっけ？

1年目からです。二軍でも一試合も投げていなくて、1年目は何度も肩の怪我を繰り返して結局試合で投げることができなかった。練習で投げて肩痛めて、リハビリして、立ち投げしてまたその途中で、というのを繰り返していました。専属医（チームドクター）のところへほぼ毎日のように通ってました。

22歳くらいまでずっと言われていたんですが、3年目に初めて経験した手術で肩を開いたら、骨に成長線があったそうです。つまり20歳を過ぎてもまだ僕の骨は成長していたってことです。だからあまり投げすぎないように、とは言われていました。プロ野球選手に投げすぎないように、というのはなかなか難しい注文だなとは思いながら。医学的な管理も、当時はそこまでではなかったので、そういう診断を受けてもうまく付き合えよ、みたいなことしか言われませんでしたし、何かをしっかり管理してもらうようなこともありませんでした。

――リハビリ中って肩を労りながらトレーニングするわけですよね。それとは別に、たとえば野球脳を鍛えるようなトレーニングとかは？

1年目、2年目の故障は肩を休ませながらケアしていたので、2年目には二軍では投げられていたんです。入団してからずっとリハビリしていたので、一年ぶり。もっと言うと一年半とかですかね、前年の7月、高校最後の夏の大会以来、投げていなかったんです。やっと二軍でもプロのマウンドに上がったということで、試合の緊張感はやっぱりいいものでした。試合に入るまでの緊張感なども。

若いピッチャーというのは1年間、ゲームの時にバックネット裏に陣取ってチャートを付けるんですよ。試合のストライクとかボールとか、いわゆるスコアブックを付けなければならなかった。球団がそれを教育の一環と考えていたかは不明ですが、まあ純粋に人手が足りなかったから、登板のない若手ピッチャーの仕事になっていた。いまはもう、どこの球団も雇用が増えていますからね、そういうことはやっていないかもしれないけど。

でも僕、そのおかげでスコアブックが書けるようになったんです。全部、球種別に色を分けて、空振りとかファールもそうですし、逆球とか進塁などもちゃんと横に書いて。その経験が無駄ではなかったと思えたのは、引退してからですね。いまも解説しながらスコアブックを書いています。みんな書けるんですけど、僕、それ経験していなかったらまったく、多分、何の勉強もしていなかったので書けなかったんじゃないかな。結構ややこしいんですけどね、いまはスラスラ書きながら喋れるぐらいです。でも、やってる当時は面倒くさいと思っていました。お昼ご飯食べた後に、僕はリハビリ中だから必ずその役目が回ってきて、睡魔との戦いですよ。エアコンはこっちが効いてるだの、陽が差してこっちは暖かいだのって。グラウンドに立っているわけではないので。毎日、面倒だな、眠いな、と思っていましたが、あとから考えると、ありがたい経験でした。

プロ野球選手、斉藤和巳を作り上げた恩師、小久保裕紀

——さて、斉藤さんにとって重要な出会いとなる小久保さんとは、リハビリで会ったんですよね。2019年に上梓された斉藤さんの本（『野球を裏切らない——負けないエース斉藤和巳』元永知宏著・インプレス刊）にも詳しく書かれていますが、かなり人見知りだった斉藤さんが意を決し小久保さんの自主トレへの参加をお願いした。でも小久保さんは野手で、斉藤さんはピッチャー。小久保さんは迷われたんじゃないですかね？

3年目の手術後のリハビリが始まって、ちょうど同じ右肩を壊していた小久保さんと一緒になったんです。小久保さんのリハビリへの姿勢を見て刺激を受け、「この人と一緒にやりたい！」と思って、自主トレ参加をお願いしたのですが、お返事はすぐにはもらえなかったです。

いまでこそピッチャーと野手で一緒に自主トレしている選手も多いですけど、当時はそういうのはあまりなかったので。野手は野手、ピッチャーはピッチャーという感じだったので。たぶん僕という人間も含めて、受け入れるか受け入れないかというのは、小久保さんが周りの方と相談されていたのだと思います。しかもピッチャーを連れて行くということで、後輩ピッチャーにある程度の準備もしてやらないといけないという気遣いもしていただいたと思います。それにまだまだ僕も若かったですし、周りが全く見えていないところもありましたから、そういうところも含めて多分、「どうしようかな」というのはあったと思いますし、だから周りの方と相談されたんだと思います。

最初は奄美大島での自主トレでした。そのときの僕らの奄美大島自主トレは、語り草になりました。もうヤバかった。トレーニングは陸上競技場も使い、球場も使い、ウエイトトレーニング場も使い、山も使い、砂浜も使います。しかもこれ、1日で全部使うんですよ。朝8時半スタートで、ホテルの部屋に戻るのが4時過ぎですね。もう本当にヘトヘトです。ピッチング練習ももちろんします。キャンプの準備なので。僕ら若い選手は2月1日からできるだけアピールしていかないといけないので、それまでにはしっかり肩を慣らしてピッチング練習も1月の間にします。

――肩を作るわけですね。具体的にはどんな感じなんですか、肩を作るって。

強度に慣れさせるということですね、投げるということに対して。投げ始めて強度が上がってくるとやはり筋肉痛を起こしたりするし、ハリが出たりもします。でもそれを繰り返していくと、強度が上がっていって強化されていくんです。そのハリに身体も慣れてくる。ハリがあるというのは筋肉がこわばっている証拠なので、キャンプ初日にその状態で行くわけにはいかないじゃないですか。一度作った肩を休ませて、アイドリングさせた状態でキャンプに入るんです。故障の原因になるので、そのペースを自分で作れるのはキャンプまで。それまでに肩をなんとか、身体と相談しながらでしたけどね。

自主トレはいつもギリギリまで、1月の27、28日ぐらいまでは毎年がそんな感じでした。30日にいったん神社参拝に集まり、31日に移動というのが恒例スケジュール。ですから30、31日ぐらいはアイドリングの状態なんです。それでも、若い頃は30日の神社参拝が終わった後に、軽く体を動かしたりとかしていました。二日休むと身体が鈍るっていうのもあるので。まあでも、それは人それぞれです。感覚的にやる人、やらない人はいるでしょうけど。

――小久保さんと一緒にやる中で、最初に小久保さんのペースっていうのがあるわけじゃないですか。走るんですかやっぱり？

走ります。「こんなに走るんか！」って思いました。僕ピッチャーなんで基本的に走ることが主で、ずっとト走るレーニングはやってきていましたが、でも野手でここまで走る人っているんだと教えられました。

小久保さんは秋山さん（幸二・現解説者）の影響を受けていらっしゃるんですよ。秋山さんもとにかく走ってたそうです。現役時代の秋山さんは、シーズン中もピッチャーのところに来て、必ずランニングとかショートダッシュを僕らと競ってから、バッティング練習に行かれる。それは毎日。それも持病のヘルニア抱えてですよ。ヘルニアでも体のキレは維持させたいというのがあったと思います。絶対僕らのところに来て何本かダッシュをやっていらした。僕らのところに来られないときは、相当腰がやばいんだなというのが判るぐらい、毎日秋山さんは来られていました。そういう〝走る〟という姿勢を、小久保さんは見てこられたんだと思います。

――小久保さんとの自主トレ一年目、やった後に何か変化は実感したんですか？

自分なりの自主トレはやっていましたが、一年目は正直わからなかったですね。ただ、やはり三年目終わって、四年目に小久保さんと一緒にやらせてもらった時に感じたことがありました。入団三年目を終了して、四年目に入った1月が初めて小久保さんと自主トレを行った年でしたけど、そのシーズンが終わってから気づきました。まあ気づいたと言うか、「またあの自主トレが待ってるぞ」と思ったんですよ。そのためのトレーニングをしないと、これはえらいことになるなと思った。

若手は普通、10月は教育リーグというのがあるんですけど。当時は高知県で黒潮リーグというのがあって、そこに参加していました。11月は恒例の秋季キャンプがある。プロ野球選手は大体12月がオフシーズンで、そこだけは球団もノータッチ。

でも12月のそのひと月をどうするかなんです。11月までは僕らは若い選手もやらされる練習がたっぷりあるので、それはそれでいいですけど。その後、11月末から12月のこの一ヶ月ちょっとの期間の大切さ、というのを初めて意識するようになりました。ここ休んだらもう1月の自主トレはとんでもないことになる、というのが解ったんです。

だから僕はもう自主トレのための自主トレをするようになりました。練習量であったり練習内容であったりとか、1月の自主トレを意識して12月を過ごしました。でもそれは一人でやるので、負けそうになるんですよ。負けそうになる時に「いやでもあの1月に、またしんどい思いをしたくないな」というのを思い出しながら、トレーニングを続けるという。それぐらいしんどかったんで。ゾクッとするんで。あーまた1月が来た、というのがある。

1月の準備を12月にしているわけじゃないですか。それをやってきているので5年目以降はもう、オフが嫌なんですよ。1月の準備をしないといけない12月が待っているということが。しかも孤独じゃないですか。自分一人でやらないといけない。1月は小久保さんたちと一緒にやるので周りがいるけど、12月の孤独の中でどれだけ自分で維持できるか、という練習が待っていると思うと、それはシーズンの方が絶対楽だな、メンタル的には、と思うようになりました。

そこで遊ぶ選手もいっぱいいます。人それぞれですからそれが悪いとは言わない。僕もオフの時はそれなりの過ごし方をしていましたけど、でも野球中心のスケジュールの取り方にはどんどんなっていきましたね。徐々に「あ~、またオフになってしまった」、と思うようになっていった。オフが一番しんどいなってなるんです。

――秋季キャンプといえば、第1次長嶋政権の〝地獄の伊東キャンプ〟が有名でしたが、昔からあったんですか？

昨年は特殊なシーズンなので参考になりませんが、通常10月いっぱいでシーズンが終わります。日本シリーズは大体11月頭ぐらいまであるので、そうなるとメンバーに選ばれればいいですけど、選ばれない選手は裏ではもう秋季キャンプが始まっているんです。でも2月1日のキャンプインは結局一緒なんですけどね。当時の秋季キャンプと現在とでは、位置付け的にはそんなに変わっていないと思うんですけど、僕らの時は周りの人たちもそうでしたが、秋はどれだけやって壊してもいいや、というような意識でした。治す時間があるので、1月まで。それぐらいやるので。いま考えたら秋も怪我したらダメなんですけどね。当時のプロ野球界における秋季キャンプは、そういう認識の中にありました。

――斉藤さんが活躍する前年ぐらいに、斉藤さんのお尻がすごく大きくなったって小久保さんがおっしゃっていたという話を読みましたが。

そうですね、「やらないと！」というのがありましたからね。でも実際本当に自分で大きくしようと思ったのは6年目あたりぐらいからですね。

それまではまだ、やらされているような練習もいっぱいありましたから。自分で考えてやる練習ではなく、周囲のペースでやらされている練習です。僕は5年目に1軍で初勝利したんですけど、6年目にまた怪我をするんですよ。そこから1年ちょっとまた投げられない時期があるんですけど、そこで逆に開き直って「故障した部分を筋肉で固めたらいいや」、みたいな考え方になったんです。そこからウエイトトレーニングもして、一気に僕の体質は変わっていきましたね。やはり、やる練習とやらされる練習は違うんです。その時は徹底してやりましたね。ウエイトトレーニングも。

To learn by
斉藤和巳の銀言
Ace Pitcher's experiences

1

自分でやる練習と、周囲のペースでやらされる練習は違う

覚醒は心構え次第。何のためにこのきつい練習をやっているのか、自分に問いかけ、そして答えを出すことでもう一つ上の高みに登れる。

2

一流選手のプレーよりも、一流選手の準備に価値がある

小久保裕紀に秋山幸二――チームが勝つためには自分は何をやるべきかを知っていた先輩たち。その背中を見るだけで「自分もやらなければ！」という気持ちになる。スポーツ選手同士であれば、そのパワーや技量に憧れるのではと思いがち

だが、斉藤はプレーよりも、その準備段階に着目した。トレーニング法だけではなく、トレーニングに対する心構えや真剣度に目を見開かれたのだ。そして重要なのは、その姿をファンは知らないということ。山ごもりの自主トレーニングであれば、衆人の目にさらされる機会などほとんどなかったはずである。プロ野球選手の中には、飛びぬけた才能だけである程度通用する選手がいるかもしれない。しかし、何年にもわたって高レベルのパフォーマンスを維持するためには、オフのトレーニングこそがその1年のパフォーマンスを左右することになるのである。

「あの人は才能があるからいいよね」と羨む人は、その人の陰の努力を知らないか、自分自身が努力をしない人である。

第２章

心のスタミナ

斉藤和巳の変化球その真実とは?

——斉藤さんといえば最速153㎞/hのストレートとスライダー、大きく曲がるカーブ、フォークボールと4つの球種を駆使したピッチングが印象的でしたけど、ウイニングショットの早いフォークは特に凄かった。その凄さは他球団の選手も話しているので、野球ファンの記憶にも残っていると思うのですが、ご自身のスライダーの話はあまり聞かれていないのではないかと。ということで、日本のプロ野球でもほとんどのピッチャーが投げているスライダーについてのお話を。

実はチェンジアップにチャレンジしたことがあったんです。でもそんなに器用ではないので、できなかった。ピッチャーはストレートが基本じゃないですか。僕の中でもまずストレートなんです。だから、直球が自分の感覚で投げられなくなるボール(変化球)

は全部捨てました。そうしたら、投げられるボールは４つしかなくなりました。

スライダーはあった方がいいから習得しようとしたのですが、最初は曲がりがちょっと大きいスライダーを投げていました。だけど、そのボールのせいでストレートが微妙に変わってしまったんです。実はそれが一番怖かった。つまりストレートという武器がなくなってしまうのが。

それで、真っ直ぐに近いスライダーの投げ方をするように修正していったんです。俗に言うカットボール気味の。あるチームでは僕のスライダーはカットボールって分析していたらしいし、解説の方の中にも、カットボールと言う方がいらっしゃいました。でも本当は、僕の中では精一杯曲げているスライダーだったんです。

最近はスライダーを投げるピッチャーが本当に多い。高校生でも多いですよね。でもスライダーって麻薬みたいなもので、それで結果が出ているうちはいいけど、怪我とか微妙な感覚のズレが原因で曲がりが緩くなったり、相手がそれに慣れたりしたとき、一番大事なストレートがスライダーの投げ方のせいで変わってしまっていたら、基本のストレートにも頼れなくなってしまう。だからまずは自分の一番いいボールを、基本を忘れずに磨き続けることが大事だと思います。

――高校時代から変化球の種類は変わっていないのですか？

はい、それ以外は投げられなかったですね、一時期、練習してツーシームを投げていたときがありましたけど、でもそれもストレートが駄目になりましたし、チェンジアップもチャレンジしましたけど、受けてくれるキャッチャーが、「これはどうみても真っ直ぐや」と言うんです。お前のはチェンジアップしてなくて、真っ直ぐやと。チェンジアップにはなっていないって。その一言でやめました。

チェンジアップもそうですけど、よく〝落ちるボール〟っていうじゃないですか。じゃあ、落ちるボール以外は落ちないのかというと、実際にはピッチャーが投げるボールは全部落ちている。だって地球には引力がありますからね。チェンジアップを説明するには、腕の振りよりも球が来ないっていうのが正しい。

――実際に見てきたプロ野球選手の中で、これは！と思った投手の変化球は？

抜き球っていうのは本当に難しくて、でも一番難しいのを言わせてもらうと、僕はカーブが一番難しいと思います。指で弾いたり、手首を使ったり、投げ方は人それぞれですが、僕のカーブは抜くイメージ。工藤（公康）さんは親指で「パンッ」で弾くらしいです。弾くから一回上に行って、そこから急激に曲がって落ちる。佐々岡（真司・現広島東洋カープ監督）さんも弾いて投げていたらしいですけど、これは技術が高いです。スライダーが凄いといったら伊藤智仁（元ヤクルトスワローズ）さん。えぐかったです。伊藤さん以上のスライダーはないかな。

ドラフトにかかるような投手で、一級品といわれるボールで騒がれることがありますが、実は一級品はプロにはいっぱいいるんです。工藤さんのカーブ、伊藤さんのスライダーは一級品の上の超一級品だったから、プロのバッターが打てなかった。でも、超一級品のボールは投げられなくても、ＤｅＮＡの今永（昇太）みたいにキレがあるボールは、スピード以上の速さをバッターは感じているはずです。腕の振りもそうですし、バッターから見るとボールが見えにくくてタイミングが合わない。途中からパンと出てくるような感じなんですよ。いいピッチャーってそう、ギリギリまでボールを隠してくる。杉内（俊哉・現読売ジャイアンツ二軍投手コーチ）もそうだった。

トレーニングが作るメンタルと身体

――20勝、18勝と結果を残した2003年から2006年頃のトレーニングですが、それはその前にやっていた秋季キャンプや、シーズン前のトレーニング方法と、量や質は変わらなかったんですか？

変わりましたね。2004年の途中ぐらいからトレーニングのための個人トレーナーをつけました。治療の方の個人トレーナーももちろんいましたけど、2004年は一番しんどかった年なので、トレーニングのため個人トレーナーの必要性を感じたんです。松中（信彦・現四国アイランドリーグplus 香川オリーブガイナーズGM兼総監督）さんのトレーニングコーチもされている人だったんですけど、以降はそのトレーナーさんにお世話になりました。

トレーナーさんが付くと、トレーニング内容を全部組んでくれます。内容は任せていましたが、相談しながらやる部分もありました。結局、2004年はどんなことをしても、しんどいシーズンでしたけど。実は怪我は全然なかったんですけど、沢村賞を取った2003年の疲労が取れていなかった。当時はそれすらも分かっていなくて、自分の中で経験もなかったし、それに対する知識もなかった。全て使い切ってしまった中で、どうしていいのかというのが肉体的にもメンタル的にも、相当こたえたシーズンでした。だから2004年は、コンディションの作り方をしっかり学び、2005年、2006年と続けて結果が残せました。トレーニングの重要性を学んだ時期でした。

トレーニングというのは単純にキツイ運動をしたり、身体に負荷をかけたりするのではなくて、目的をどこに持つかが大切なんです。そのトレーニングをやる意味も、ただ筋肉をつければいいとか、ただ鍛えればいいというわけではないのです。なぜそれをやっているのかということを、しっかり理解しながらやるというのが大事。別に大胸筋に大きな筋肉は普段は必要ないわけですけど、でもそこの筋肉がある程度必要だとなった場合、だったらこの筋肉はピッチャーにとって〝投げるためになぜ必要なのか？〟。そこを理解してやるのとやらないのとでは、僕は、その先が大分変わってくると思うんですよね。

――ピッチャーはやっぱりしなやかな筋肉とストレッチですか？

そうですね。硬い筋肉で固めてしまうと可動域が制限されてしまうので、鍛えても関節の可動域というのは常に保たないといけないんです。だからストレッチとケアは、トレーニングと同じぐらい大事ですね。投げた後、やりっぱなしでケアしないというのが一番いけないと思います。その後のクールダウンをどうするか。だからアイシングは必要だと思いますし、炎症を出来る限り早く抑えるというのは大事だと思います。

――斉藤さんのピッチングフォームで印象的だったワインドアップについて

まずセットポジションは絶対、みんなやっています。試合の中では、セットポジションで投げる状況の方がはるかに多い。そしてとても大事です。やっぱりランナーがいる中でのピッチングですからね。ワインドアップとセットポジションの二つを練習するのが難しいのは、それぞれに時間がかかるというのもあるんです。いまはコントロール重視でセットポジションになるピッチャーが多いですね、バランスが保ちやすいから。ワインドアップって大きく振りかぶっていくので、ブレやすいといえばブレやすい。

でも僕はやっぱり、ピッチャーとしてワインドアップにこだわりがあった。確かにセットポジションだけで練習した方が効率はいい。一定して足を上げるのか、毎回振りかぶって投げるのかという違いは大きいですから。それでも〝ピッチャーはワインドアップ〟という思いは強かった。ワインドアップの方が、ワインドアップとセットポジションで足を上げるという両方のパターンを練習しないといけない。でもそこはもう、自分の型としてこだわりました。僕はピッチャーらしいピッチャー、皆が思い描いているピッチャーでいたかったところがあるんです。昔ながらと言うか、そういうピッチャー像を崩したくなかったですね。

だから「ピッチャーと言ったらワインドアップやろ」、って。

――肩を壊した時に「横投げに」みたいなアドバイスとかってあったのでしょうか？

最後の6年間は腕下げたらって言われました。リハビリの担当が、いまも活躍されているコーチですけど、そのコーチを僕はすごく信用していたし、最高のコーチだと思っていた。だからみんなが認めているそのコーチに言われた時は、正直心が揺らぎました。でも僕の中では、「いや、違う」、と。

おそらく、横で投げても多分同じ痛みはあったと思います。実際キャッチボールのときに遊びでやってみたりもしましたが、痛みはあったんですよ。それなら僕は本来の自分の投げ方で痛みを感じている方がいいと思ったんです。

僕がやった故障は、肩の力を全部集約しているというか、大もとである根もとが断裂してしまったんです。2回目の手術の時に、断裂部分をつなぐアンカーを打ち込んでくっつける手術をしましたが、そうするともう可動域がそれで半減されるんですよ。3回目の手術の時は、そのアンカーが外れてしまっていました。それで、今度はそこを縫う作業。腱板を断裂したピッチャーで復帰したっていうのは、日本ではなかなかまだいないんじゃないですかね。移殖ができる部分ではなかったので、よく耳にするトミー・

ジョン手術みたいなことはできませんでした。

1回目の手術の時は関節唇の損傷で、1/4ぐらい僕は取っているんですよ。その手術を担当してくださったのが、当時福岡のチームドクターだった病院の先生でした。その方法はその先生が始めたやり方で、以降はそれが主流になっていきました。それまでの手術では、痛めた患部を取り去るっていう作業はやっていなかった。一時ブームになって、野茂さんも通ったぐらいの肩の権威の先生でした。20年以上経って、手術の考え方もだいぶ変わりましたけどね。

――それからプロで長く投げ続ける中で、腱板まで痛めたわけですが、下半身の故障は？

下半身は、右の足首の外側の靭帯3本が全部伸びきっています。痛めたのは2003年。2003年は登板数も多く、あちこち痛み始めていた。で、ストレッチしているときに体重をかけすぎてブチブチッと音がしたんです。

「あかん、これやばい！」と。

これはちょっと動かんと思いました。しかも登板2日前ぐらいに。その2日後の試合というのが、初めて札幌ドームで松坂大輔と投げ合うという予定だった。それで僕は「どうしよう」と。試合の前日、当日も朝までトレーナーが付きっきりで、ピッチングコーチにも「どうする、どうする？」って。そうしたらコーチが

「相手は大輔だから、お前以外に投げるやつはおらん」と言うんです。

僕は「分かりました」と答えて、それから足首が動かないようにテーピングでガチガチに固定。それでも痛くて右足首が全然使えないので、「まあいいや、右足使わずに左足で支えよう」って開き直りました。でもね、そういう時に限って、一塁カバーに走らされるようなシーンが結構来るんですよ。もちろん、行かなきゃならない。でも急ブレーキはかけられない。足をかばう素振りを見せると相手にバレるので、ベースカバーに走って行って、急ブレーキをかけずに徐々に減速してボールを受け取るようにしていました。そのシーズンは、練習の時もずっとテーピングぐるぐるでないと投げられないような状態が続きました。

――プロのスカウティングはちょっとした変化も見逃さないと聞きますが、その怪我はバレなかったのでしょうか？

幸いバレなかったですね。ゲーム中は集中しているし、アドレナリンも出ているので痛みはそこまで感じませんでした。ただ終わってから、ホッとした後はもうグラグラです。足首を引きずらないと歩けないくらい。

2005年には僕、胸郭出口症候群になってしまいました。神経ですね、首から脇の下を通っている神経があるんですけど、その症状になって神経が圧迫されるようになったんです。どんどん圧迫されたらもう左側に力が入らなくなって、握力も20とか30ぐらいになってしまうくらい。感覚もなくなるし、指二本が冷たくなってくる。試合中に首の神経が圧迫されて神経が通わなくなるんですよ。首って結構力入れるので、試合途中からもう左側の感覚がなくなってしまった。

僕は、肩が人よりもかなり内側に入っているんです。中に入ると力が入りやすくなるんですよ。だから隙間がどんどんなくなっていって、それで神経が圧迫されて。なので、この年はもうずっと、肩甲骨が後ろに引けるトレーニングをやっていました。

怪我という試練の時に保ち続けた心のスタミナ

――大変な手術を3度も経験された斉藤さんですが、手術の度に落ち込むようなことはなかったのでしょうか？　そういう逆境をどうやって乗り越えたのでしょうか？

すぐにはやはり切り替えられないですね。ピッチャーにとって肩以上の商売道具はないので。でもそれしか選択肢がないわけですし、手術をしないとまた投げられる可能性はないということなので、手術するかしない。そしてそこは、僕が決めるわけじゃないですか。やるって決めた以上、手術は自分が執刀するわけではないので、先生に委ねるしかありません。大事なのは、その後どうするかなんです。だから決めた以上、やりきりたいという思いは強かったですね。手術を絶対しなければならない、というわけではなく、やるかやらないかを自分で決めることだったので。

常にどんな人、どんな状況でも〝辞める〟カードはある。常に持っている。このジョーカーは絶対、誰もが常に持っている。でもそのカードをどこで切るかの差がすごく大きいと思います。

手術をするのであれば、とりあえず上手くいって回復して投げられるところをイメージしないとしんどい。手術するということは、「投げたいからするんでしょ」って、自問自答するんです。投げるために、いましないといけないことなんだって。だから、どういう心構えでないといけないのか、というのは考えました。手術は自分ではできないし、それは先生にお任せする。だから自分はその後のリハビリを頑張るべきで、そこに全力を注ぐんだと。これが可能性を引き出せる、自分が唯一コントロールできるところなんです。

そうは言っても無理、いくら頑張っても無理ってなった時に、そのジョーカーというカードを切ればいい。

いろいろな選択のときに意識するのですが、「そのカードをいつも俺は持っている」、だからそのカードを切るタイミングを間違わないように生きたいと。その先を頑張れないのであれば、その前に切った方が、絶対次のステップに行くのに無駄な時間はないと考えています。

――手術したことで学んだことも多かったと？

手術は1回目の時は何も分からなかった。でも小久保さんにそのタイミングで出会ったので。2回目、3回目は一度経験しているので、リハビリの道中も分かっている。どういうものか分かっているので、最初ほど2回目以降は迷わなかったです。

しないといけないという時に、先のことの想像もできるわけです。想像ができるからこそしんどい。見えているからこそ、じゃあどういう心の持ち方でそこに向かって行けばいいのか、というのも分かっている。そこは経験値ですよね。その切り替えをどうするかが一番大事かなと思います。だから、自分が何をしたいのか。なぜそれをするのか。それをちゃんと明確に、早めに目標設定できればいいかな、と思います。

初めて手術した時はリハビリってうまくいかない。動きが制限されているので、そこから動きを付けていくことによって、波が出てくる。そこが一番しんどいです。ピッチャーで言うとボールを投げるまでのリハビリの過程で、ある程度右肩上がりで行くんです。でもボールを投げ出したら、こういう波が絶対に出てくるんですよ。

波が下に落ちたときが一番辛い。落ちた時に自分の考えの中で、原点に戻れるのか、というのが大事。俺は投げたいからこの道を選んだんだ、と思えたら、もう1回頑張るしかないなって思いやすい。だから後輩とかに相談を受けた時、「自分が戻ってくる場所をいっぱい作れよ」と話しています。戻ってくる場所がちゃんと自分の中で明確にあれば、そこからまたスタートしやすいから。ここからリスタートできるから。家がないというのは一番不安だし、帰ってくる場所は自分の基本だから、それを作る、帰れる場所をちゃんと明確にすることが大事です。

僕はそういう場所を常に作っていました。そこに戻ってゆっくり考えて、「何で俺はいまここにいるんだ」という時に、俺はまたあのマウンドに立ちたいからこの道を選択したんだ、と。みんなに決められたわけではない、自分が選択した。その責任は自分にあると。人に決められたことは苦しい時に頑張りにくい。でも自分で決めたことであれば、責任を持てるか持てないかというのは、その人の人間力であったり器であったりしますからね。僕は自分で決めたことに対して、あーだ、こーだと言いたくないんです。こういうときって自分以外の、不可抗力のせいにしてしまいがちなんです。でも決めているのは自分。そして自分に向き合うのが大事だと思いますね。
僕は、こうした気持ちの持ち方を『心のスタミナ』と呼んでいます。

――心のスタミナ…。

それをどれだけ作れるかなんです。それは自分の中ではとても大きくて、心のスタミナをつける意識をずっと持ち続けています。身体のスタミナは鍛えればつけることができます。でも心のスタミナは、周囲からあれやれこれやれと言われても、つかないんですね。自分から、そのスタミナを得にいかないと、ものにはできない。常に心のスタミナをつけたいから、自分からいく。だからこそ、自分の責任が問われるものなのかと。

現役をやめる時、何の後悔も、悔いもなかったです。最後にもう一度マウンドに上がれなかったというのはありますけど、自分が選択したことへの後悔はひとつもない。だからもう、いまは野球をやりたいと思わないです。僕にたくさんの時間を作ってくれた球団にはすごく感謝しています。そういう時間をもらっていなかったら、もしかしたら僕はいま心に、何か後悔の念のようなものが残っていたかもしれない。

繰り返しになりますけど、野球との別れは人から奪われたからではない。自分から辞めたんだから、この野球人生、僕の中では一番の勝ち星ですね。他人から肩を叩かれたわけでもなく、自分から野球はもういいです、って言えたし、チームがその時間をくれたっていうのも、それまでの僕の頑張りや野球への姿勢を見てくれていたからこそだと思います。自分の選択は大きく間違ってなかったな、という答え合わせも、仲間とか周りの人がしてくれましたし。

だから自分の生き方にも自信を持たせてもらいました。常に生き方の答え合わせは、他人と周りの評価から生まれるものだと思っているので。周りの人たちが僕に対して、どう時間をくれるのか。どう接してくれるのか。というのが〝生き方の答え合わせ〟になっているような気がします。

超一流のプロ野球選手が得た、超一流の感覚

——本にも書いてありましたが、高校時代は打者としても活躍された斉藤さんがバッターボックスでストレートを待っていた時の話ですが、スライダーをホームランにした時、「カチッ」とはまった、という感覚を得た言葉がありました。その「カチッ」って何なんでしょう?

バッターの時のあれは、自分の中で新しい感覚だったんですよ。僕はストレートを待っていたのに、ピタッて止まれた。結果はちょっと深いセンターフライだったのですが、「あれ、何この感覚?」ってなった。その感覚を忘れたくなくて、僕の中でその感覚で打てたら、次はホームランだと思えたんです。自分のタイミングがある程度出ているということなので、その新しい感覚を大事にして、次の打席に立った時に、実際にホームラ

ンを打ったんですよ。

そのとき「ああなるほど、こういう感覚か」という手ごたえがありました。その感覚が、自分の中では確信になっていたので、チームメイトに「次の日絶対ホームラン打つ」って宣言したんです。遠征先でしたが、その感覚でまたホームランが打てたんです。それは僕の中では考えてもいなかった発見というか感覚でした。「バッティングってもしかしたらこういうことなのかな？」って理解できた。頭で考えるよりも身体で覚えたというか、感じ取ることが出来たんです。

でも、野球ってそんな簡単なものではないので、すぐに手放しちゃうんですけどね。手放したり掴んだり、手放したり掴んだりの繰り返し。

だから僕の中で何かを掴んだから大丈夫、というのは常にない思考なんです。そういうところから僕の野球に対する考え方が来ています。いつ手放すかわからない、離れる、手放す時のことを考える。それを経験していくものですから。

実は僕、高校2年生まで、通算で8打席しか立ったことなかったんです。それが2年生の夏、初めての兵庫遠征のとき、ダブルヘッダーだったのですが、その2試合目から4番に座ることになりました。そこからずっと4番なんですけど、「俺が4番にいるようなチームが勝てるわけない、俺まだ打席に立ってないのに」と思っていました。
でもその遠征で、あの感覚を僕は掴んだんです。実質3年夏までの1年間で15本くらいホームランを打ちました。確か秋の大会で半分の6本ぐらいは打っていたんじゃないかな。

――そんな強打者の面も持つ中で、プロ野球現役の時、交流戦ではありましたか?

ありました、2005年。センター前2点タイムリー、ヤクルトの館山から打った。ツーアウト二、三塁で的場(直樹・捕手)が僕の前で敬遠されたんですよ。的場なんて1割ぐらいしか打ててないのに(笑)。まあ僕はもっと打てないからあれですけど、どうせ勝負しても一緒だって思ったんですけどね。実は僕、その時調子悪かったんですよ、でも、自分を助けるためにもどうにかバットで結果を残したいと必死の思いでした。満塁で、三振で終わっては次のマウンドに行くのも気分的に良くないし。それで打席に入ったんですが、館山はコントロール良くないから、追い込まれたけどツースリーまで粘ることが出来た。で、追い込まれてるからストライクゾーン広げなアカンって。ここで「押し出し」なんて甘い考えが頭をよぎったらそれは負け。ピッチャーの立場からしたら、バッターがそう思ってくれたらこっちの勝ちなんです。だからもう「こんなの絶対フォアボールなんか狙われへん、絶対バットに当ててやる」と強い気持ちでいました。

館山のインサイドのボールって、「シューッ」て向かって来るから怖いんですよ。でもそれを怖がったらあかん。僕も全くバッターボックスに立っていないので、ストライクゾーンが解らないんですよ。いけると思ったら、バットを「ばっ」と出す気持ちでした。そうしたらやっぱり、2球ぐらいインコースが来て、なんとかファールしたんです。球場も2球目の僕のファールぐらいで、「おおーっ」て盛り上がる。フォアボールを出したくないピッチャーの心理がひしひしと伝わってくる。僕は、絶対それなりの甘いコースはあると思っていたので、広く待ちながらもある程度絞っていたら、もう1回、ちょっと真ん中寄りを狙ったインサイド高めが来たので、思いっきり振ったれ、って振ったらバットがグシャーって折れたんです。そしたら打球がセンターの前にポトって落ちて。ツースリーだったんで、セカンドランナーまで帰ってきて、一塁ランナーもサードの方まで走って行って、センターがもたついていたので、僕もセカンドまで行きました。打点2ですね。気持ちは、一野手として行かなあかんでした。

斉藤和巳の 銀言

To learn by
Ace Pitcher's experiences

3 心のスタミナ

人に決められたことは、苦しいときに頑張りにくい。マイナスの状況を自分以外の人や不可抗力のせいにしがち。でも自分で決めたことであれば、自分で責任を持ちやすい。そして自分に向き合う大切さを知る。

「身体のスタミナは鍛えればつくが、心のスタミナは自分からそのスタミナを得にいかなければ、ものにはできない」

4 まずは自分の一番いいボールを、基本を忘れずに磨き続けることが大事

スライダーは麻薬のようなもの。それで結果が出ているうちはいいが、怪我や感覚のズレで自分の生命線である得意球が変わってしまっては本末転倒。特にスライダーは直球の質

が変わってしまう恐れがある。自分の得意技を磨き続けることの重要性は、一般社会でも同じ。

5

一級品のボールを投げるピッチャーはプロの世界にはゴマンといる。プロのバッターが打てないのは超一級品の球。しかし、超一級品の球が投げられなくても、いいピッチャーはギリギリまでボールの出所を隠してくる。

天才でもない自分には才能がない、と諦めてはいないだろうか？　才能は努力や工夫次第で花開かせることができる、誰もが持っている素養だ。

斉藤和巳の

To learn by

銀言

Ace Pitcher's experiences

6

トレーニングというのは単純にキツイ運動をしたり、身体に負荷をかけたりするのではなくて、目的をどこに持つかが大切。

トレーニングの意味を考えられる——斉藤和巳という野球選手が持っていた才能のひとつである。しかもその才能は、ケガというマイナス要素を克服する中で生まれてきた。ただ鍛えるのはなく、なぜそれをやっているのか。トレーニングの意味や、そのトレーニングが肉体に及ぼす影響まで考える努力を怠ってはならないのだ。

ビジネスの世界でも、多忙な状況下で目的を見失ってしまうようなことは、往々にしてある。活動自体に満足してはならない。目的を常に念頭に置くことで、成果は大きく変わってくる。

7

どんな人でも"辞める"という ジョーカーを持っている。 大切なのはそのカードをいつ切るのか。

選手生命を絶たれるかもしれない手術の前後で、そのカードを切るかどうか悩んだ斉藤和巳。ただ、手術そのものは他人に委ねるしか方法はなく、自分でコントロールできるのは術後のリハビリであるという結論に達する。可能性を引き出せるのは、全力でリハビリに立ち向かうこと。結局、3度の手術を経験した斉藤がジョーカーを切ったのは引退のときだった。

「野球との別れは人から奪われたのではなく自分から辞めたのだから、この野球人生、自分の中では一番の勝ち星」

8

自分が戻ってこれる場所をいっぱい作れ

常に自分の基本を意識していろ、という独特の言い回し。斉藤はリハビリ期間中、常に自分の居場所を作っていたという。特にメンタルの面で「またあのマウンドに立ちたいからこの道を選択した」と、意識し続けたという。ケガをした後輩選手にも、その言葉をよく投げかけたそうだ。

9

生き方の答え合わせ

現役をやめるとき、自分が選択したことへの後悔はひとつもなかった。なぜなら野球との別れは人から奪われたものではなかったから。そして、そんな自分の選択は大きく間違っていなかったという答え合わせも、仲間や周囲の人がしてくれた。だから自分の生き方にも自信を持つことができた。

「生き方の答え合わせは、常に他人と周りの評価から生まれるものである」

10

”押し出し“なんて甘い考えをバッターが持ってくれたら、こっちの勝ち

交流戦で当時ヤクルトスワローズのエースだった館山からタイムリーヒットを打ったときの心理状態。すべての野球少年たちよ、この教えを忘れるな！

11

すべてのボールは落ちています。だって地球には引力があるんだから

斉藤和巳はクールな野球選手だった。見た目や佇いを指してクールと言っているわけではなく、思考回路のクールさであ

る。変化球のチェンジアップの話をしているとき、「よく〝落ちるボール〟っていうじゃないですか。じゃあ、落ちるボール以外は落ちないのかというと、実際にはピッチャーが投げるボールは全部落ちている。だって地球には引力がありますからね。チェンジアップを説明するには、腕の振りよりも球が来ないっていうのが正しい」という説明をしていた。プロ野球中継の解説者が、変化球にこんな説明をしてくれたら、日本の野球はもっと知的に楽しめるだろう。

皇潤
66
66 Kazumi

第３章

バランス

ピッチャーの基本はバランス
人の基本もバランス

――18年のプロ生活でいろんな経験をされてきたと思うんですけど、たとえば現役の選手も含めて斉藤さんにアドバイスを求められたこともあったと思います。そのとき、アドバイスの前に相手に聞くことって何かあったのでしょうか？

「勝つために何を考えているか？」という考えを聞きます。

もしかしたらそこがズレているかもしれないですし、そこがズレていればトレーニングとか、日頃の時間の使い方というのも大きくズレている可能性があるので。勝つために必要なことをしっかり、出来る限り最短距離でやっているかどうか、そこを考えられているかどうかということが大事なんです。技術的なアドバイスを求めてくる選手もいます。もちろん、技術が必要とされる世界ではありますから。でも、そもそもの話として、その技術を発揮させるため、技術を身につけるためには、しっかりした考え方と、頭を使わないと絶対に結果は残せない、という考え方なのです。おそらくどこの世界でも社会でも、その部分は共通しているのではないかなと思います。

斉藤和巳のピッチングスタイル的には、〝気持ちで行く〟みたいな感じのイメージを持たれている方も多いと思いますけど、実は僕は僕なりにまず頭で考えて、結果に向かってどう気持ちで繋いでいくのかという作業もやっていました。そりゃあ気持ちで全てがカバーできたら、みんな幸せでしょう。もちろん、最後は気持ちが大きいかなとは思いますけど、必要なのは頭と技術のバランスですよね。

重要キーワード「バランス」

――バランス。斉藤さんと話をしていていつも出てくる言葉って、バランスですよね。「ギリギリのところ」と「バランス」。お話をうかがっていて、いつもそこを考えていらっしゃるんだなって。

僕の中に、「姿勢」と「バランス」という言葉が常にあります。姿勢は身体の姿勢であり、何かに取り組む姿勢でもある。バランスというのも、ピッチャーでいうバランス感覚ってすごく大事。僕みたいに長身のピッチャーだと、よりバランス感覚を保つことが重要になってくる。でも一方で、人の生き方もやっぱりそのバランス感覚じゃないですか。人と人との接し方であったり、人とどうバランスを取っていくかだったり。だから「姿勢」と「バランス」というのは、野球だけではなく、一般社会でも使えるなと思っているんです。バランスをどう保っていくべきなのかというのは、いつも考えているんですよ。

——昔は「長身ピッチャーは大成しない」なんて言われた時代もありましたが、長身選手を育てるノウハウも育っていなかったのでしょうね。

僕がデビューした頃はまだ言われていました。長身ピッチャーで大成したのは金田（正一・故人）さんしかおらん、と。でも僕は長身だからこそ、身体バランスは意識していましたね。人よりも背が高くて、手足がそのぶん長くなるので、常に「自分は高層マンションや！」と思っていました。高層マンションはやっぱり耐震強化。ただ、高校の頃は無意識にバランス調整ができていたものだと思うんですけど、プロのレベルになるとそれをどういう形で継続していけるかっていうのが、より大事になってきました。自分自身まだトレーニング方法が分かってなかったし、何が大事かっていうのがまず解ってなかったですね。プロでは、もっと質を高めていかないといけない、というところを求められます。実際はそこすらも解っていなかったですし、そこに気づいたとしても、どうして行くのが一番いいのか、そのやり方っていうのも解っていなかった。

だからそこで大事なのが、やはり自分の感覚なんです。

人間の骨組みはみんな同じじゃないですか。でも人それぞれ可動域が違ったり、筋肉量が違ったり背丈も違う。個人個人で力の出しやすい角度、使い方というのが絶対あって、常に自分でそれを探していました。どこが一番フラットなのか、そのフラットと感じるポイントが力の出し始めには一番いいのか、みたいな。そこをずっと探していましたね。

自分の膝の角度、股関節の角度、他のいろんな角度、どこが瞬発的に一番早く力を身体全体に伝えることができる角度なのか、っていうのも自分で探しながら。その角度を、投げるときにより長く感じることができれば、理屈として力はいつでも出せる、その準備が出来るわけじゃないですか。でもそれを意識しているうちは多分継続できないので、それが無意識で出来るようになるまで、ひたすら訓練するわけです。

だから僕は、無意識にできることは全部意識しないようにしました。

意識しないとできないことに目を向けるよう、無意識に目を向けることは無駄な労力ということがわかったんです。だってそれはもう、無意識にできているんですからね。

斉藤和巳の銀言

To learn by Ace Pitcher's experiences

12

勝つために何を考えているのか？

現役の選手も含めて、斉藤がアドバイスを求められたことは何度もあったことだろう。しかし、技術的な質問であっても、その技術を発揮させるため、技術を身につけるためには、しっかりした考え方と、頭を使わないと絶対に結果は残せない、という考え方だった。野球に限らず、仕事の方法論であっても、おそらくどんなジャンルの仕事であろうと、その部分は共通しているのではないか。〝斉藤和巳は気持ちでいく投手〟というイメージが強いが、本人は常に最大限に技術を発揮するための考えを巡らし続けていた。得意分野を過度なトレーニングで追い込んで、考え過ぎに陥り、結果、その得意分野が得意ではなくなって調子を落とすプロ野球選手は少なくない。己の力量を冷静に分析できる目を持った斉藤だからこそ、到達した境地だといえるだろう。
「そりゃあ気持ちで全てがカバーできたら、みんな幸せでしょう。もちろん、最後は気持ちが大きいかなとは思いますけど、必要なのは頭と技術のバランスですよね」

斉藤和巳の銀言 To learn by Ace Pitcher's experiences

13

ピッチャーはバランスが重要。人の生き方もバランス感覚では？

姿勢とバランス――斉藤和巳が常に意識している言葉。姿勢は身体の姿勢であり、何かに取り組む姿勢でもある。バランスもピッチャーとしてのメカニックに大切なバランスであり、人が生きていく上でも重要視されるバランス感覚。引退したとはいえ、一時代を築いた強烈な個性を想像しがちだが、斉藤に会うと、驚くほどバランス感覚に長けた、人に嫌な思いを抱かせない魅力的な紳士であることが分る。

「バランスをどう保っていくべきなのかというのはいつも考えています」

14

投手への銀言——高層マンションはやっぱり耐震強化！

投手はまず下半身強化から、というのは野球界では常識。高校の頃は無意識にできていたバランス調整だが、プロではそれをずっと高いレベルで継続しなければならない。そんな壁が斉藤の前に立ちはだかった。斉藤が得た結論は、自分の感覚。人間の骨格は皆同じだが、人それぞれ可動域が違ったり筋肉量が違ったりする。身長も同様。しかし自分の感覚の中で〝ここが一番フラット〟というポイントを見つけ出し、そ

斉藤和巳の

銀言

To learn by
Ace Pitcher's
experiences

のためのトレーニングを重ねていく。自分の体の中で一番力を出せる角度を見つけ出し、理屈としてはいつでも力を出せるように、それを意識せずに出せるようになるまで訓練し続けたという。そのための下半身強化トレーニングだった。

「無意識で出来ることには目を向けない。意識しないと出来ないことに目を向ける」

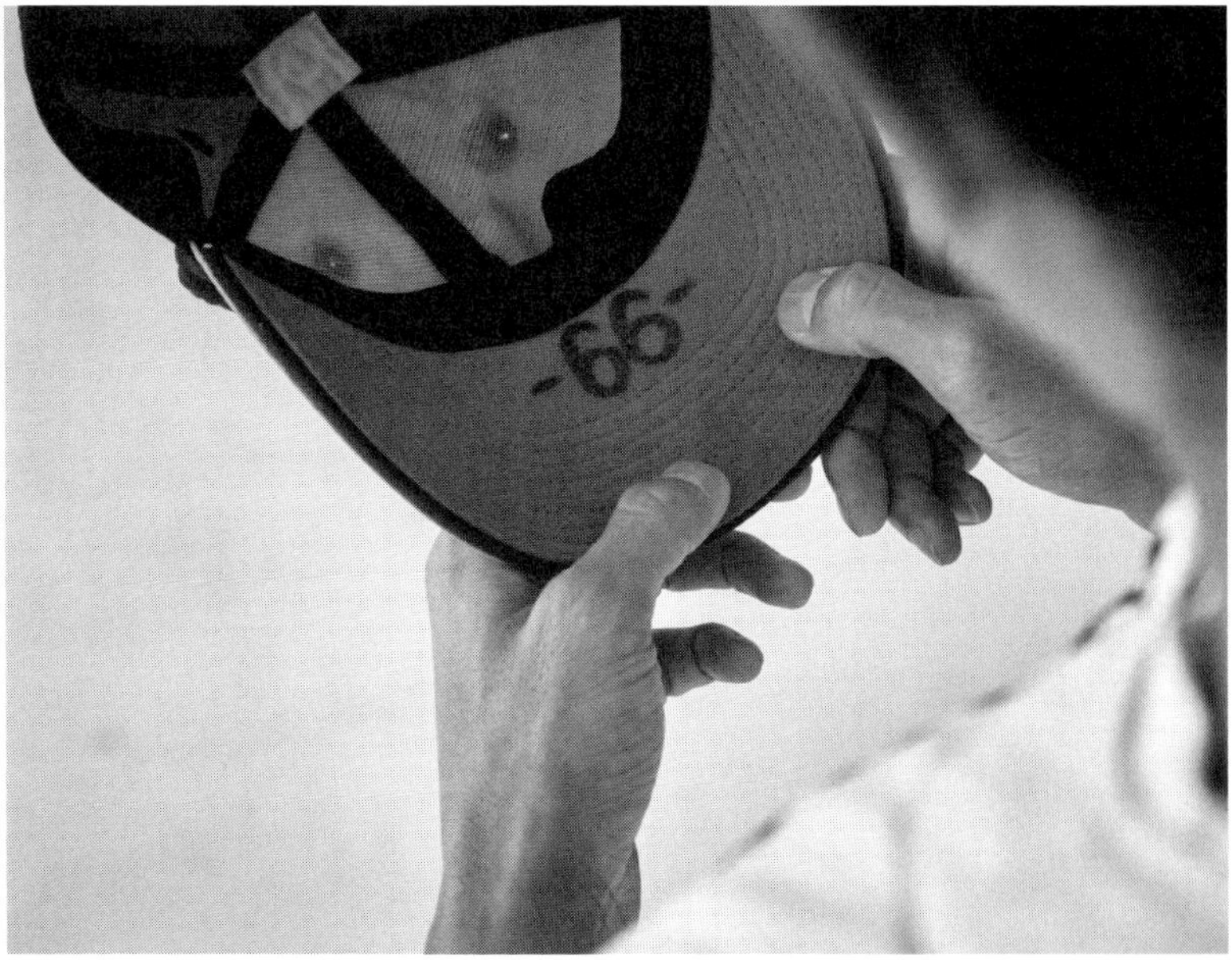

第４章

リーダー論

監督、王貞治リーダーとしての姿

——怪我をした選手から相談を受けることは？

　肩の怪我に関しては、特にピッチャーによく聞かれましたね。引退した後も、一緒にリハビリしていた若い選手がまだたくさんいたので、しばしば「こうやって言われてるんですけど、こんな感じなんですけど、どう思いますか？」とかっていう連絡や相談は受けていました。

　もう痛みの感覚って本人しかわからない。同じ痛みでも10痛いという選手もいれば、5の人もいる。これはもう本人の感覚だし、敏感な人は本当に敏感。そこら辺はもう誰も入っていけない領域なので、本人が痛いと言えば痛みなんですよ。傍から見ても普通に投げられてるけどな、動けてるなと思っても、本人の中では〝違和感イコール痛み〟

と感じている部分もあったりもする。たまに会うと、なんか上手いことといってないなあと見えたりするともありました。

現役の時、一緒にリハビリをしている間に話をしたり聞いたり、というのはたまにしていましたね。「こんなの当たり前のことだから」って言って。「リハビリなんて3歩進んだら2歩下がるんだよ。足し算出来るやろ」って。

「何歩進んだ？」

「一歩です」

「その一歩が大事なんや」みたいな。

それが三歩、四歩、五歩ってなるとしんどいけど、1ヶ月前はここまで出来ていなかったわけで、振り返った時にここまで進めるようになった、できるようになったっていうところを、満足していけ、というような話はよくしました。ある程度動けるようになったらもう前しか見えなくなってくるんですよ。前しか見てないので、リハビリの過程でちょっと立ち止まらないといけない時って、すごくマイナスに感じたりする。その時はもう前じゃなくて後ろを振り返って、あの時よりもいまここに来れているというのは、リハビリが順調に来ている証拠でもあるから、と。リハビリというのはそういうものだ。

前ばっかり見たらしんどいから、前じゃなくて下がる。下がるのは当たり前のことだから。そんな上手いことといかない、ということを経験談として話していました」。

——斉藤さん、つらいリハビリの期間中、ホークス以外のチームへの移籍って考えたことはなかったんですか？

唯一考えたのは、支配下登録から外された時ですね。辞める覚悟だったので。その頃、現場のトップだったフロントの人が変わる時期と重なってしまったというのもありました。

実はその半年ぐらい前に3回目の手術をするかどうかの判断がありました。また2、3年かかると言われたのですが、球団が手術のゴーサインを出してくれて。僕もそれだけ時間がもらえるなら、もう一度トライさせて下さいって言って、手術をしたんです。試合で投げられるようになるまでに、2、3年かかるという診断が下って半年ぐらい経った時、まだ腕も肩のラインまで上げられるかどうかの状態の時に、「支配下から外れてもらいたい」と球団から言われました。僕の中では、それは話が違うと。それだったら手術をする前にその話をもらった上で、その手術をするかどうかというのを決断する機会がというのがあるべきではなかったかと。

口約束でしたから、それを言われてもしょうがないところではあるんですけどね。手術に踏み切った時のフロントの人じゃなかったので。僕もやはりこのチームで自分なりに頑張ってきたというプライドがありましたし、沢村賞も取らせてもらったという誇りがあった。やはり過去の歴代の先輩方の顔も浮かんできて、そういう道を僕が作っていいのかという風にも思いました。腹立たしかったところが一番多かったですけど。

リハビリを続けていく中で、復帰戦に向けた計画というのが出来ていたんですよ。環境づくりも相談して、7割~8割ぐらいまで回復して行けばなんとかなるかな、みたいな考えもありました。だからもしそれがある程度まで走っていた段階だったら、僕はもう辞めていましたね。それぐらいフロントとは温度差があった。

その時僕は66番を背負わせてもらっていたんですけど、支配下から外れるというのは育成契約なので、という話になった。そうなると、背番号は3桁を背負わないといけなかった。それは僕の中ではやはりできなかった。それをやらないといけないのであれば、僕は辞めた方が、このチームを去った方が良いかな、というのはありました。周りからしたら、ただのワガママに聞こえるかもしれないですけど。

沢村賞も取らせてもらった投手が、3桁の背番号を背負ってやるって言うのは、沢村栄治という大投手からそういう賞が生まれ、数々の大先輩たちが取ってきた賞にすごく傷をつける気がした。後々のために、新たにそういう道を作るのが嫌だったんです。でも結果的にはそういう道を作ることになった。だから松坂大輔が同じような感じで契約の時に色々あったのを見た時に、やはり申し訳なかったなと思いました。松坂大輔に対して、当時の球団が「斉藤和巳のようなカタチで」みたいに、もし言っていたのであれば、僕はそういう新しい道を作ってしまった、と思いました。大輔と直接会った時に「俺が変な道を作って悪かったな」と。本人はそう思っていないでしょうけど、僕は結果、前例を作ってしまったんです。

――他チームからのお声がけってなかったんですか？

そんな怪我人を取るというのはチームにとって意味はないので、まったくありませんでした。

——全盛期の時は？

それもないですね。ＦＡの権利を持っていたわけではないし、結局ＦＡには1年と8日足りなかったんです。

——1年と8日という数字を覚えていらっしゃるということは、フリーエージェントというのはなんとなく視野に入ってはいたんですか？

やはり取りたい権利でしたね。チームを出たいとかそういうのではなく、一軍で頑張ってきた、わかりやすい数字でもあるので。よくシーズン中に、ＦＡの権利を取った選手が取材を受けて「いまシーズン中なので、シーズンが終わってから考えます」みたいなことを言ってますけど、そういうありきたりなコメントを、笑いながら言いたかったな、っていうのはありました。

どこかでそれを笑いながら言って「これは絶対載るコメントでしょう？」みたいな会話を地元のマスコミとしたかった。「こんなこと本当は聞きたくないですよね？」みたいな。「でもそれしか言わないのがＦＡ選手なんでしょう？」みたいな。

そういう会話を僕はイメージしていたんです。でも言わないですよ、みたいな（笑）

――斉藤さんといえば、涙のクライマックスシリーズの話、もう何百回も聞かれたと思うんですけど、あのときマウンドを降りる斉藤さんを支えていたのは二人の外国人選手でした。いま、ダイバーシティという言葉で語られますが、海外の多様性、いろんな価値観をどう受け入れるかみたいな観点があって、これからもっと海外との交流が盛んになる時代に向かっていく中で、いろんな価値観を共有する世の中になっていくと思うんですけど、価値観が違う外国人選手をやる気にさせるために、当時選手会長だった斉藤さんはどういうアプローチ、普段のコミュニケーションを心がけていらしたのでしょうか？

プロ野球の世界に来る選手たちは、もう分かりやすく言うと、ずっと若い時からお山の大将だったわけなんです。そこでプロの世界に来て、初めて頭打ちを食らう選手もいます。それでもある程度実績を残したり、その時のチーム状況、立場でいろいろ環境が変わっていったりする選手もたくさん出てきます。人が多ければ多いほど、不平不満が多くなっていくのは当たり前だと思う。

僕はそういう状況の中で、結果を残している選手、順調に行っている選手にはあまり興味がなくて、どちらかといえばそれはそのまま自由にやってくれ、というスタンスでした。逆に、控えの選手や、一軍半の選手とかは常に気になっていました。なぜかというと、それはやはりチームであり、組織なので。そういう選手が出来る限り同じ方向、なるべくレギュラークラスでいてくれることが、チームにとってプラスアルファを生むことになるのではないかなと考えていました。

一軍の選手たちはすごく心が動きやすい。人って結構楽な方に行きがちなんです。不平不満は楽なほうに向いている中から生まれると、僕は思います。そういう集団が大きければ大きいほど、組織全体がいい方向に行かない。苦しい状況の時ってそこに吸い込まれやすい。人って弱いので。そこをできるだけ、常に小さくさせる努力をする。僕はそこの立場にいる人といつもコミュニケーションを取るようにしている。

あの試合、最後に何で外国人選手に抱えられたのかというのも、僕は外国人選手ともみっちり面談をさせてもらっていたからだと思っています。ちょっと道を逸れようとしていたのが目に付いたので。それは王監督が病気で倒れられてからが、すごく多くなった。でも、優勝するためには彼らの力が絶対必要だというのはわかっていたので。

実は、高校の頃から僕は、外国人であろうが何人であろうが関係ないと思っていました。そいつらはそいつらで、絶対この異国の地に来ていることで、ちょっとしたことで孤独を感じるような繊細な部分は持っているんじゃないかな、と。まあ、その選手の性格にもよりますけど。

だからチームメイトになった外国人選手は、絶対に孤独にはさせたくないし、孤立させたくなかった。助っ人って言われる奴らがちょっとしたワガママを言うことで、周りが毛嫌いしてしまう可能性が出てくるので。そうなると、そういう選手がチームの輪の中に戻りにくくなったり、組織としてうまく回らなくなるような、当時のチーム状況もありましたしね。僕も選手会長という立場上、一度みっちり話をさせてもらいました。その時彼らに伝えた僕の思いは「ただただ同じ気持ち、勝ちたい気持ちをちゃんと共有していきたい。でも自分はお前たちを助っ人として見ていない、ファミリーだと思っている」と伝えました。何かを作る、何かを一緒に目指すっていうのは、みんな一緒なんです。

ただ、目指す頂への道中、スパンが長ければ長いほど絶対何かが出てくる。その何かが出てきた時に「おい何やってるんや」じゃなくて、ちゃんと寄り添える自分を常に作っておかないといけないな、と思っていました。

だから自分が成長していかないといけないし、常日頃そういう選手のことも、時間がある時には見るようにしていました。どういう性格なのかとか、たまにその人間と近い人とも「最近あの選手どう?」って情報もちゃんとキャッチするようにしておくと、何かあった時に、それもすべて自分の引き出しとして、その選手に、その人に向き合えるようになる。

あと言葉のチョイスは絶対変わってくるので、その時にダメダメダメでは相手は心を閉ざす。「これはダメ、こうしてくれ」って言うのではなく、「お前のことは理解できているし分かっている。だけどいまはこうすべきなんじゃないか」というような感じで接するようにしていましたね。ただし、ちゃんと言わないといけないことは言うようにはしていました。なぜこういうことを言ってるのかの説明は、絶対にしないといけないな、と思っていました。

野球なのでチーム、組織、ファミリー、いろんな角度で物事を見て、勝ちたい。自分たちだけの喜びというより、これだけ応援してくれてるファンがいる、というのもありました。これだけ長いスパンで戦っているんだから、一人一人がちょっとでも頑張って、精一杯ベストを尽くすべきだと。それで最高の物が手に入れば、それはそれで良し。届かなかったときはみんなで「俺らには力がなかったな」と、もう一回頑張ろうと、そのとき少しでも皆でそんな気持ちを持てる組織でいたかったんです。誰々のせいにするのではなくて、組織で誰かが失敗したら、みんなでそれを補おう。ひとりじゃないよ、と。

後輩とか年若い選手にはそういう見本になってくれって話していましたし、外国人選手には「いまのチームにはお前が必要で、俺はお前らに対してそういう期待をしている。お前らは助っ人だと思ってないし、ファミリーで全員一緒なんだから。お前ら日本でこれだけやってくれてるんだから、チームの中心として居るんだから、そういうところもお前らに俺は期待したい」と。

——ちょっと胸熱なリーダーシップですね。斉藤さんが目指していたリーダー像って誰ですか？

もしかしたらありきたりな回答になるかもしれないけど、やはり王さん。人格者というのもありますけど、トップに立っているのに、王さんはコーチの人に任せるんですよ。全てをそれぞれの部所に任せて、勝敗の責任は俺、って言うんです。

それは常日頃から言われていました。王さんくらいの人がそれを言うのは逆に、見方によっては説得力がないようにも思える。言うても「そんな責任は別に王さんが取る必要ないくらいの立場でしょみ」たいな。

でも、本当にそう思っている人なんです。

勝つことへの執着心に関しては誰よりも熱い人で、コーチとかにも怒りますし、試合中でも結構カッカしているんで、めちゃくちゃ怒りますから。僕も試合中、何度も怒られたことがあります。とはいえコーチに対しては常に意見を聞く人なので、意見をくみ取ったら
「その結果の責任は俺が取る」。

俺。っていう感じなんで。でもコーチがそれをさせますって言って、出来なかったらそれは怒ります。そういうのは怒る、でも次の日になったらケロッと、全然そんなことはリセットされている。

気持ちをリセットしてくれるのがすごいなと思います。

若い頃に一度、２回か３回途中でＫＯされたことがありました。大体ピッチャーがべ

ンチに座るときって、監督の真逆ぐらいのところに座るのが通常なんですけど、そこまで監督が来ました。それで、「いまからブルペン行って100球投げて来い！」って言われました。それで、ブルペンで100球投げました。昭和の球場ならサボろうと思ったらサボれたんでしょうけど、その頃はちゃんとモニターが付いて投げてるところが丸見えなんです。でも僕は何の身も入らず100球投げて、ロッカーに戻ったんです。「なんでこんな投げなあかんねん。何の意味があるん？　ここで100球投げて」みたいなことを思いながら、むしゃくしゃした感じで球場を後にして。

次の日球場に来た時に、僕の中でやっぱりモヤモヤは消えていないんですよね。若いので消化しきれていない。そういう時に僕もタイミングを持っているのかどうかわからないですけど、球場入ったら王監督がすぐ立っていて。はぁ〜嫌なタイミング、って思いながら、

「おはようございます」って言ったら

「おう、おはよう。どうだ肩は？張ってるか？」

「ちょっと、ハイ。」

「そうかそうか、まあちゃんとケアしてもらって、また次も頼むぞー」って。

その一言で救われたと言うか。

「せこいわ、そのやり方。それずるいわ〜、モヤモヤなくなったし、いま」って。それぐらいやっぱり目配り気配りというか。それってなかなかできることではない、やっぱ凄いなって思いました。

王監督の奥さんが亡くなられた時にも、大きな告別式だったので、チーム全体で行って、選手はいろんな参列される方たちをケアするというか、そっちの方に回っていました。僕まだ22、3歳ぐらいで、当時結婚していたんですけど、全然実績もなく一軍と二軍を行ったり来たりの選手でした。僕たち選手は最後に焼香させてもらって、その場を後にする王監督を始め親族の方が帰られるの見送るという、そういう奥さんの告別式の時に、そんなペーペーの僕が王監督に声かけることなんて出来なかったので、王監督の前でお辞儀だけさせてもらったら、監督から

「奥さん元気してるか」

「はい、元気にやっています。」

「帰って奥さんによろしく伝えておいてくれよ」

「ありがとうございます」って言いながら、ちょっと待って今日、王さんの奥さん亡くなった告別式だよな、と思って。そんな、こんなペーペーの自分の奥さんのことまで、その時、瞬時に「なんだ、この人は」という言葉が口から出てきました。
僕の中では忘れられなくて。あの瞬間が。僕なら絶対できないんで。やっぱ違うんだなあ、って痛感します。

――すごい話ですね。

しかも選手全員ですからね、監督の前を通って行くの。僕みたいな選手にまで声をかけてくれるなんて。どういう生き方をしてこられたんだろう、なんなんだろうと思いますね。
たとえばリーダーってなると、やはり僕なんか采配とかに関しては、「おいおいおい」ってなることは多々ありました。王さんに対して。「なんでやねん、あと一点取ったら勝てるやろ！」って。どういう作戦なんだって、なんで常にビッグイニングを作ろうという野球をしているんだって。「いやいやいや、そこは違うだろ」って、みんな裏で言ってるんですけど。

でもそれでもそういう目配り気配りっていうところは僕らの中に浸透していて、リーダーとして常に先頭に立っていてくれるっていうのはみんなの中にあるから、「この人を胴上げしたい」という気持ちが湧いてくる。「この人と」となるんですよ。本当にみんなそうなるんですよ。そうさせるっていう、思わせるっていうのって、やっぱりリーダーじゃないですか。

王さんが病気で現場から離れられる時に、試合終わった後に全員集められて。自分の口からこういう病気で申し訳ないと、チームから離れる、ってなった時に、ほとんどの選手が泣きました。僕もそうです。それを見た時に、やっぱりこの人の大きさを改めて感じたというか。同時に僕、選手会長をやっていたんで、めちゃくちゃ孤独に感じたんですよ。怖くなりました。子供が親から離れるみたいな、誰も頼る人がいないというか。大丈夫かなこのチームって。

斉藤和巳の **銀言**

To learn by Ace Pitcher's experiences

15

リハビリとは、三歩進んで二歩下がること

何度もリハビリを経験したからこそ、一歩進むことの重要性を知っていた斉藤。リハビリの過程でちょっと立ち止まるような場面に遭遇すると、その状況をマイナスに感じる人も多い。ちょっと体が動くようになったアスリートならなおさらである。しかし、前ばかり見るのではなく、後ろを振り返って少しでも回復が進んだことを実感できれば、それはリハビリが順調に来ている証拠だ。

「前ばかり見たらしんどいから、前じゃなくて一歩下がってみよう」

16
不平不満は楽なほうに向いている状態から生まれる

「人って結構楽な方に行きがちなんです。不平不満は楽なほうに向いている中から生まれると、僕は思います。そういう集団が大きければ大きいほど、組織全体がいい方向に行かない。苦しい状況の時ってそこに吸い込まれやすい。人って弱いので。そこをできるだけ、常に小さくさせる努力をする。僕はそこの立場にいる人といつもコミュニケーションを取るようにしている」

文中にある印象的な話である。プロ野球選手斉藤和巳を語るのに、いくつかの印象的なゲームがあるが、現役最終盤の2006年に日本中を感動の渦に巻き込んだ〝涙のクライマックスシリーズ〟を覚えている方も多いだろう。あのとき、マウンド上で崩れ落ちた斉藤を抱きかかえたのは、2人の助っ人外国人選手だった。選手会長だった斉藤は常に「異国の地に来て孤独を味わっているあいつらを絶対に孤立させたくない」という思いを持っていたという。「お前たちは助っ人ではなくてファミリーだ！」という斉藤の言葉に、彼ら外国人選手はどれだけ救われたことだろう。

「俺はコートに入ったら、〝俺〟ではなく〝俺たち〟と考えるようにしている」――マジック・ジョンソン

17 レギュラーよりも控え選手や一軍半の選手を気にかける

選手会長に任命された斉藤は、チームの取りまとめ役も任されるようになった。しかし斉藤は、結果を残している選手

や順調な選手にはあまり興味を持たず、控えや一軍と二軍のボーダーラインにいるような選手を気にかけていた。チームや組織の中で二番手の戦力に同じ方向を向かせ、レギュラークラスと同じ意識を持ってくれることが、強い組織を作り上げるから。そしてその二番手の性格や考え方も意識して見続けていた。

これはビジネスマンを率いる管理職も同様ではないだろうか。

「チームだけではなく、応援してくれるファンも一緒に喜んでくれる組織でありたかった」

第５章

思考法

すべては理屈から それが発想の原点

――引退後も趣味とされているゴルフを上手くなるために心がけている事って何ですか？

理屈ですよね。物事の理屈。

できるできない関係なく、理屈を分かるというのはまず大事だと思う。どんなことでもそうですけど。

ゴルフの場合、クラブというのはどういう性質があって、状況に応じてどうクラブを使い分けるのかを理解することが大切だと思います。

たとえばドローの場合、左に曲げるボールを打つにはどういう風に打つのが一番いいのか、とか。そのためにはクラブをどういう角度で入れていくのがいいのか、身体はそれに対してどう使うのがベストなのか。グリップはどう握るのがいいのか、とか。まあ、人によって色々あるのでしょうけど。

球は低い球、高い球。どうすれば低い球は出るのか、という理屈。面白いのは低い球を打ちたいから上から低くクラブを出しても、ボールは逆に上がったりする。叩くとスピンがかかるので、そのぶん上にあがるというのがある。そういうのも理屈としてわかっているか、そうでないかで状況判断が違ってくると思います。低い弾道を打つためには身体をどう使えばいいのか？　簡単でも理屈は分かっていた方が、練習がしやすくなるんです。ただただ打つのではなくて、練習で理屈が分かっていたら思い切って曲げる練習ができる。こういう打ち方ならボールってこっちに曲がるんだな、とか。

そんなふうに紐解いていくんです。

――野球とゴルフ、同じ球技の共通性みたいなものはあるのでしょうか？

理屈というところだけは絶対一緒だと思います。同じ身体の構造を持つ人間がやっていることなので。ただ、野球とゴルフはルールもフィールドも違う。道具も違います。

動いているボールを打つのか、止まっているボールを打つのかでも全然違います。ゴルフはラウンドの中では同じ状況というのはなかなか起こりにくい競技でもあるんですけど、天候に左右され、コースのコンディションにもよっても全然変わってきたりするので。自分の引き出しをどれだけ増やしていけるかが重要。

でも、どういう思考で、どういう練習をすれば上達するのかというスポーツの理屈は同じだと思っています。

――そういう考え方は高校の頃から?

いやいや、高校の頃はなかったです全然。プロに入って結果が出るようになる少し前からですね、野球のメカニックを考えるようになったのは、自分を分析し出してからです、自分の癖とかが分かった上で考え始めた。癖ってなかなか直らないので、その癖だけに目を向けていても駄目なんです。そこだけだと延々とループにハマりやすい。いい時はいいけど、悪い時は悪い。だから逆にその癖を生かすために、どこをどうするかということを考えるようにしました。癖を長所と捉えるというか。

癖は癖。ゴルフの場合は自分との戦いですから、癖はいいも悪いも結果に影響する。一方、野球は常に相手のプレーヤーがいるので、そこで癖がバレたとしても、逆にその癖を自分が理解しておけば、その癖が出る前後をちょっとでも意識して変えることで結果が変わってくる。意識して変えたことで、相手がそれを違う癖に感じてくれることもある。「あれ？」と思わせたり、いままで１００％で読んでいた癖の信頼度が90％に、70％に・・・となることによって、向こうが考えてくれるんです。騙し合いなので、相手に考えさせるということも僕らの仕事です。

――企業の短所を改善する労力を、長所を伸ばす方に向けるという、マーケティングでいうところのＳＷＯＴ分析と基本的な考え方が似ている気がします。

その癖が直ることだってあるし、改善されることだってあります。全部改善されなくても、ちょっと変化をしていく可能性というのがある。癖だけを見てやるというのはすごく労力が必要だなと思います。

理屈だったり原理原則だったり、分析するというところの大切さは大事にしなくてはなりません。僕の場合、身体が大きくて、手足が長くて、これを扱うのは大変なんだということがあったので、余計にその大切さを痛感しました。だからこそ考えないと、人よりも倍考えないといけない、というところまで行ったのかな、とは思います。小さくて運動神経が良かったら、もっと器用にできたかもしれないじゃないですか。この体格だったからこそ、そちらに目を向けられたというのは面白い。この身体と考え方が合致した時のパワーは凄いのではないかと思っていました。

――いまの10代20代の子達って、ショートカットというか、何でもすぐ答えを欲しがるじゃないですか。それっていまのプロ野球選手もそうなんですかね?

そうだと思います。いまは何かあれば知ることができる時代なので、昔よりもショートカットはできやすいと思います。でもそれを、指導の中で求めるというのはなかなか難しいですよね。結局習得しないといけないので、それをパッと言われて出来たとしても、習得できているかどうかがやはり大事。誰にでもまぐれが起こり得る可能性はある。それを継続できるかということが、その後で絶対に大事になってくる。ショートカットしてそれを取得できて継続できるのが一番いいんですけれど、楽し過ぎると後々すべて、しわ寄せが自分に返ってくる。

——〝習得〟はキーワードですね。習って得る。学ぶということを、短時間で済ませようとしてはいけないということですよね。

なんでもすぐにできたらいいんですけどね。

僕は何をやるにしても、自分が一番、自分自身に期待をしながら、でもその半分は自分に対して疑うということを常に行ってきました。できたとしてももう1回見つめ直して疑って、何でできたのか、本当に自分がやろうと思ったからできたのか、ということを考えます。

今でもその癖が抜けません。

――じゃあ、現役時代、一喜一憂はしなかった？

基本的に僕は、気持ちにどれだけ波を作らないかという作業をするんです。プレー上の波とか、結果の波って、どれだけ自分が頑張っても出てきてしまったりします。人も変わったりする。すべて一人の問題なんです。たとえば自分がどれだけ頑張っても、それが周りに評価されなかったりとか、自分が思っているような結果に結びつかなかったりとなると、そこに気持ちのギャップが生まれるわけですよ。

そこで自分の気持ちが「うわ～」ってなってしまうと、疲れる。できるだけ何が起きても自分の気持ちの波を小さくするために、良い結果が出たらそれはそれでよかったって思いますけど、でもそれは一瞬だけそう思うことによって、気持ちは次に次に、と。だからずっと「やったやったやった！」というようなことは、僕にはないんです。その瞬間、もう次は始まっているので。

――自分を褒めて褒めて、そうやってプラス思考でいきましょう、みたいなのが最近流行りみたいになっていますけれど。

でも自分を褒めてやって、満足しないとなかなか前を向けないし、頑張れないので、そこは僕もしますよ。自分で自分を褒めますし、逆に自分を怒りますけど、いま言ったように僕の中では、そういう感情は一瞬です。一瞬でも起きたら、もう過去になる。

せっかくそれを得たのにその後ずーっと「良かった、わーい」とか「やったやったー」では、次に何か大きな失敗をしたら、この成功が活かされない。なので全部を活かすためにもう、次、次々、と行きたいんです。それが良かったことであっても、悪かったことであっても活かしたい。だから立ち止まらないんです。気持ちだけは立ち止まらないように、常に、前に前に行きます。だから喜びは一瞬。その瞬間のために、すべての時間を費やせるのか、という覚悟ですね。

楽しいこと嬉しいことが毎日ずっと続くなんて、ほぼないことだと思います。それなら浮き沈みがない自分で、瞬間瞬間だけの１００％を喜べる自分を作っていきたい。また、時間を費やすことを楽しむことができるというか、その次の自分に期待できるほうが、僕の性格的には気持ちをずっと繋げて行きやすいです。その方が、何が起きても対処できると思う。

――斉藤さんの考え方というのはとても、生き方の参考になるんじゃないかなという気がします。

先ほどのゴルフの話でも言ったように、これは僕の中の理屈なんですよ。理屈で自分の癖が分かっているので、だからその前後をどうしていくか、と。そういう自分の癖を直そうと思わないので、次に出ていった方が自分は頑張れるタイプだというのがわかっているので。じゃあ、そのためにはどうしたらいいのか、と思うのが一番いい。嬉しいとか感じないのであれば何のために頑張っているのか？　となるので、そういう時は全力で喜ぶ。そういうスタイルが自分の性に合っているなと自己分析をしています。

――自分を客観視できる人は強い。もしかしたら斉藤さんは、投げている時にフィールド全体を俯瞰できていたのかな、という気がしますね。

そうですね、そういう見方が出来ていたかどうかは意識しませんでしたが、それに近いイメージはしていましたね、スタジアムの空気感とか。結局、僕が見ている景色ではなくて、ファンの人が僕をどう見ているか。球場の全体の空気感というのも、ゲームの中で利用できるのが一番いいなと、思ったので。

絶対に何かが、何かしらがずっと動いているんですよ。見えなくても動いているので、それをできるだけ試合の中で感じとる。空気感や状況などを、何も見えていなくてもキャッチしながら試合を運んでいく、といえば分っていただけるでしょうか。それが出来たときは、その試合を支配できるのです。そして、それができるのは先発ピッチャーの特権だと思っていました。

自分が全部動かす、俺が動かす、っていう感じですね。

――企業内の組織も一緒ですよね。やはり自社のビジネスしか見るのではなく、世の中や世界の価値観がどう動いているのかを見なければならない。

傍から見たら、ちょっと冷めているというか、結構、そう見られることがあるんです。怒っていないのに怖いイメージを持たれたりします。ただ僕は別に冷めているわけではなく、そこに対して嬉しい気持ちはあるけど、自分自身がそういう感情になっていないだけなんです。周囲が喜んでいること、楽しんでいることは、楽しそうだな、いいな、と思う気持ちはあるんですけど、僕はそこで立ち止まるよりも次に行きたいので。その価値観が違う。

ただそれだけの話なんです。別に冷めているわけでもないし、気取っているわけでもない。現役時代にもそう言われて、たまにショック受けることがありました。別にそんなに意識していないのに、強いとか、冷たいというようなイメージとか。僕はただ仕事に対して真剣に向き合っていただけ。勝手に周りからイメージを作られていていた。

だからなのか、プライベートでお酒飲んで食事したりした時に「えー意外だった」みたいなことを言われるときもあります。いやいやいや、それはお前らが作ったイメージでしょ、お前らが勝手に思っているだけで、これが俺の本当だから、って。

でもグラウンドにいる時はそれが仕事だし、プライベートの自分は離してやらないといけない。自分のやるべきことに対して責任もあるし、期待とか背負いながらやっているわけですからね。そのモードは、ある程度作っていかないといけない部分がある。プライベートは別に作ることはない。「周囲の勝手なイメージは横に置いといて、逆にそれぐらいお前らも真剣にやれよ」とは、チームメイト相手には思っていましたね。引退後のいまでもまだ、そう考えることがあります。

――斉藤さんは経営者向きなんですかね。一喜一憂しない仕事へのスタンスとか。結構、人を観察する方ですか？

好きですね、人間観察は。ちょっとした人の仕草とか、この人ってどういう人だろうという推察とか。その人のちょっとした表情、発する言葉のチョイスなどがすごく気になるんです。こんなこと考えてるんだなあ、とか。ただ、その人の行動とかが気になるあまり、たまに頭でっかちになる可能性もあるので、対人関係であまりイメージを作りすぎないようには気を付けています。

失敗したときの自分よりも
それを話せるときの自分

――野球はチームスポーツなわけですから、敗因を他人に向ける人もいると思います。一般社会でも、良くない結果の原因を人のせいにするようなことって結構あるのですが、斉藤さんはそういったメンタリティについてどう思われますか？

僕ないです、基本的に。

自分も完璧にできていないと分かっているので。もし僕が完璧ならば、そういうメンタリティになる可能性があるかもしれないですけど、それでも多分、そうはならないと思います。

ただ、敗因となるような失敗をした選手がいたとき、その選手が日頃野球に対してどういう取り組み方をしているのか、どういう思いでやっているのか、そういうことが起きた後の、その選手の身の振り方というのは見ます。僕は常日頃から、失敗は誰でもするものと考えています。それは僕自身もそう。失敗した奴がちゃらんぽらんだったら、そりゃ失敗するよ、とは思いますよね。

でも僕はその失敗を責めないです。その後、その失敗の大きさを感じて、次の日からしっかりやっていくなら、彼にとってその失敗はすごく意味のある失敗になるので、その彼が次の日から心を入れ替えてやることによって、チームにとってもプラスになっていく可能性が生まれる、僕はその方が気になります。もし失敗した選手が、そういうリカバリーをしなかったとしたら、その時はちゃんと言いますけどね。

――つまり、失敗は受け入れるというスタンスですね。失敗しないように準備して、それでも失敗したらその後どうするか、ということですよね。

そうです。まったく気にしないわけではないですけど、誰もがする可能性があることなので。でもその失敗の前後が大事、特に一番大事なのはその後。落ち込んでいても、その過去は消えないし、人に慰められても消えないので、それをいつか笑い話にするために、そこからの時間が大事なだと思う。〝あの失敗があったからいまの自分がある〟、と振り返えられる失敗になっていけば、いいんじゃないでしょうか。後輩とかに、俺もこういう失敗したけどこうなった、という話ができれば、チームにとってはプラスです。極端に言えば、財産にしかならない。周囲もそういう目を持って欲しいですよね。だから、失敗の部分だけを見ることはないです。

――マイナスをプラスにする考え方というわけですね。

失敗を全部笑い話にできたら最高の人生ですよね。失敗した時の自分よりも、それを話せている自分って、絶対成長しているからこそだと思うので。たとえそれが人前でも、笑い話として話せたとしたら。それができたときの自分は、あの時よりは成長できたかな、殻を破れたな、壁を登れたんだなと、自分自身の中で喜びを感じています。人には別に理解はしてもらわなくていい喜びです。

斉藤和巳の

To learn by

銀言

Ace Pitcher's experiences

18

野球もゴルフも、同じ体の構造を持つ人間がやっていること。原理原則は同じ。

斉藤はプロになって結果が出だした頃から、野球のメカニックというものを考えるようになったという。自分の癖を自己分析することで、癖を直すことに目を向けるのではなく、癖を生かすためにどうすべきかを考えた。癖を長所と捉え、そこを伸ばすことにしたのだ。マーケティングの世界では知られた経営戦略策定方法のひとつである、ＳＷＯＴ分析のようなものである。短所を是正する労力を、長所を伸ばす方向に向ける。斎藤はプロ野球の舞台で、そんな思考法で結果を残していったのである。何をやるにしても、自分が一番自分自身に期待しながら、一方ではそんな自分を疑って正しい方向を模索し続けてきたという。趣味のゴルフでもまずは、このスポーツの原理原則を理解することから始めていったそうだ。「ゴルフの上達法はスイングの回数ではなく、ゴルフというスポーツの理屈を知ること」

19

気持ちにどれだけ波を作らないかという作業をして、一喜一憂しない

プレーや結果で思い通りにいかないこともある。どれだけ頑張っても、悪い結果が出たり、感情が表に出過ぎて人が変わったりすることもある。しかし、すべては自分一人の問題。気持ちのギャップが生まれると、それがいつも出てくるようになる。良い結果が出たら一瞬だけ「よかった」と思い、気持ちはもう次に向ける。もちろん、自分で自分を褒めることもあるし、逆に自分自身を叱咤することもある。しかしそうい

う感情は一瞬のものであり、一瞬でも起きたらもう過去になる。いい結果も、悪い結果も次に活かしたい。そして、次の自分に期待する。

「その瞬間が終われば、もう次は始まっている」

20

試合を支配する感覚を持つ

斉藤は試合中、スタジアムの空気感とか、自分が見ている景色ではなくファンからどう自分が見えているのかを掴むことがあったという。そして、その空気感をゲームの中で利用することを考えていた。むやみやたらのガッツポーズではなく、球場の空気が一体となって最高潮に盛り上がった時の渾身のガッツポーズ、といえば分かりやすいだろうか。目で見える景色ではなく、何かしらずっと動いている空気を感じとる。

それができたとき、その試合を支配できる。それができるのは、先発ピッチャーの特権である。

「自分が全部動かす、俺が動かす」

21

冷めているわけでも、気取っているわけでもありません。次に行きたい、という価値観なんです。

一喜一憂しない性格だからか、チームメイトの中には〝ちょっと冷めた奴〟と見る向きもあったようだ。ただ斉藤は別に冷めていたわけではなく、嬉しいことは一瞬の間に喜び、そこで立ち止まるよりも次に行きたいという思考法、価値観だった。周囲が勝手に作ったイメージが大きかったためか、プライベートでは、意外と思われることもあったようだ。

「グラウンドにいるときはそれが仕事であり、やるべきことに責任があり、期待も背負ってマウンドに上がっていた。そのモードはある程度作っていかないといけない」

22

失敗の可能性は誰にでもある。だから敗因は他人に向けない。

チームスポーツである野球には失敗はつきもの。そもそも人は完璧な存在ではないし、斉藤自身も自分が完ぺきではないことをよく理解していた。ただ、自分も含めて失敗をした人が次からしっかりやっていくことができたら、それは意味のある失敗となる。あの失敗があったからいまの自分がある、と振り返られる失敗になればいい。失敗は財産であり、周囲もそういう目を持って欲しい。

斉藤和巳の
銀言
To learn by Ace Pitcher's experiences

「失敗を笑い話にできたら最高の人生。失敗したときの自分よりも、それを話せている自分は成長できたということだから」

第６章

人間観察と分析

成功者とそうでない選手の境界線にあるもの

――結局、ドラフトの同期で残ったのは斉藤さん一人だったんですよね。社会人出身の選手の凄さとかもお話されていましたし、一個上とか一個下にも才能ある選手はいっぱいいたでしょうけど、プロで成功する人と成功しなかった人って、何が違ったんでしょうか？

練習のスタンスもそうですけど、一貫性がないとだめかな、というのはあります。やはりいろんなコーチの人たちがいろんなアドバイスをしてきますけど、その中でも「自分はこれ！」という強い思いが必要だと思います。これが自分の武器だ、俺はこれでいく、というのが基本というか、軸というのがないと厳しいかなという感じはします。良い選手でもやはりシーズン中に投げ方がちょこちょこ変わっていたり、バッターでも構えが変わったりとかするのを見たことがあります。そういうアドバイスを受けたから、って言ってましたけど、僕は、基本的にコーチはいつか辞めるから、っていう考え方でした。でも、すべて否定するんじゃなくて、いいものは吸収しますよ。それでも結局、自分以外自分のケツは拭けないし、拭いてくれる人はいないんです。とりあえずアドバイスがあったとき、「あ、いいかな」と思ったらやりますけど、それが違うとなったら僕は捨てます。それをやれと言われても捨てます。嫌なので。コーチ責任とってくれるんですか？　という話なので。

そういうくらいの強い気持ちがないと、やはりなかなか成功というか、ある程度の結果を残すのは難しいし、もっと言えば、結果を残し続けるというのは難しいんじゃないかな。結果を残すことは多分、瞬間はあると思うんですよ。運とタイミングと。それは誰しも持っていると思うんで、プロの世界に入ってきているので技術もある。しかも運もしっかりあるので、多分この世界に入ってきてる。でも、もうワンランク上へ行くためには、自分の基本であったり軸であったりっていうのを持つ、それをちゃんと明確に見えているかどうか。そこに対して覚悟を決められるかっていうのは大事かなと思います。

それがちゃんと見えていて、覚悟が決まっていれば多分、そんなに大きく違う方向には行かないはずです。間違ったとしても、もう1回戻って来られるので。そこから次、何を選択しようかっていう考え方に行けると思うんです。

多分それがない人は、常にグラグラグラグラ、戻ってくる場所に基本がないので、人に頼ってしまう。そして聞いて聞いて聞いてパニックになってしまって、昔の自分の良かった感覚がわからない、と。僕が若い選手に言うのは、自分の感覚は絶対に大事にしろということ。それだけは絶対に人には伝わらないし、人には見えない。絶対に自分の感覚を、人に何を言われてもお前の感覚はお前のものでしかないから大事にしろよ、と。

――斉藤さんの場合、軸は何だったのでしょう。よく言う、外角低めのストレートとか?

球種ではなく、投げ方ですね。

こうした方が良いよってもし言われたとしても、人に何かを言われてやるって、違和感を覚えることが多い。自分は気持ちよくやってることが多いじゃないですか。気持ちいいとか、楽。そういう動きであったりする。だからプロに入る前に結果として残せた。でも、それでも自分の中ではちょっと違うと思ってることも、多分あると思うんですよ。ボールは正直なので。

その中でも、自分なりに考えながらやっている所に、全然違うスパイスが入った時に、違和感を絶対に覚えると思うんですよ。その違和感をずっと持ったままで、自分の感覚とは違うとか、ずっと続けていても何がいいのかが解っていなかったら、先が見えないことが一番不安だと思うので、もしそういう感覚がずっと残ってしまっているなら僕は捨ててもいいと思う。でもその違和感を持ちながらやって、思った以上に球がいいな、思った以上にバットの出がいいな、という感覚があるなら、１回トライしてみて、というのもありだと思う。多分人に何か言われる事って初めは違和感があるので、それをどう判断するか、自分はどうしたいのか、というのは大事だと思う。

斉藤和巳を作り上げた自分自身を見つめる視点

――それはもう高校の時からそういう考え方だったんですか?

そうです、元々の性格です。基本的に人にあれこれ言われるのが嫌、というのは幼少の頃からあったので。あまのじゃくな性格でもありましたし、人に言われたら違う方向に行きたがった。

現役の時もいまもそうですけど、最終的に僕の中の軸にあるのが、モヤった時とか、考えごとする時とか、いろんな失敗する時とか、最終的にいつも思っているのはどう生きたいんだろう、って。自分が生き方として、物事に対してではなく、自分がいま、この先どう生きていきたい、どういう人間でいたい、どう成長したいという、生き方の原点に戻ります。そこで俺はこういう人間になってこういう風になって、と、自分の中にあるものに対してその問題を見るようにします。でないと、いろんな人の関係性とか考えてしまったりするじゃないですか。そこで答えが出なかったら自分の生き方、俺はこういう人間になりたい、こういう人生を歩みたい、っていうところに還ってその景色をもう一回見たときに、じゃあこの人には嫌われても別にいい、この人に対してはちゃんと向き合っていこうとなるんです。それが正解かどうか分かりませんけど。

そういう考え方は大人になってからだんだん固まって行きましたけど、僕の物事の見方は常にそうです。人として成長したいというのが一番なので、そういう選択を常にしていきたいと思う。死ぬまでそう思い続けられる自分でいたいなと思う。

それでいろんな人に背を向けることも多分あると思うんですけれども、そこは最低限、自分勝手に生きるというわけではなく、成長のためと見ています。自分勝手に生きるのは成長ではないので。みんながみんな僕のことをいいと思ってくれるなんて、そんなのは不可能だと思っていますから。

それを自分自身が一番、まず分かっていないといけない。自分の長所短所をわかっていたらいいですよね。そうしたら短所との向き合い方も多分、色々考えられると思うので。

エース斉藤和巳とそれぞれの審判たち

——ところで斉藤さん、野球というゲームには欠かせない審判についてのお話を。相性のいい審判、悪い審判っていましたか？

相性というふうには思いませんでした。そういう人、って思ってました。その審判のストライクゾーンが分かっているんです。カウントが苦しい時に、狙って投げきれるかどうかも分からないコースに、投げられたとしてもボールと言われたら苦しいな、というのがある。そのためにはどこを安全に抜きながら、ちょっとでも審判のストライクゾーンを広げていければな、みたいなことを考えていました。そのためには、こっちもアウトを取るリズムとか、ストライクを取るリズムを出せたら、審判も無意識にそのリズムに乗ったりしてくるんです。その時だけでもいいんで、ストライクゾーンを広げられたらなぁ、という駆け引きはありましたね。

――いまは交流戦があるから昔ほどではないでしょうけど、セパの審判の差を感じたことは？

交流戦が始まる前はセリーグ、パリーグで審判は別れてましたけど、いまはセパ混合で、東と西という感じで分かれています。東と西で傾向の違いはありますが、以前はセリーグの方がストライクゾーンが広かった。「セリーグはいいな、こんなに広いストライクゾーンで投げてるんだ」って思ったこともありました。球場の広さの違いもあったかもしれませんが、それにしてもまあ、セはストライクゾーンが広かったです。これはスライダー投げられるピッチャーは、本当に楽だろうなと思っていました。

――審判によって、ストライクゾーンが異なるという話は耳にしますが、実際のところはどうだったのでしょう？

はい、審判によって違います。ストライクゾーンはルール的に決められているんですけど、人によって微妙に変わることもある。審判は機械ではなくて人間なので、一生懸命判定してくれているので、そこに不服を言ったとしても、それがもし違っていたとしてもストライクになるはずがない。

「なんで今のボールなの？」と言っても、ボールって言ったらボールなんです。それは人間と人間なので、そこに文句を言っても誰も得をしない。逆にその後も際どいところでボールって言われる可能性が出てくる。相手も人間なので。

審判も際どいところをボールって言った方が、見えている風に見えるんですよ。際どいところをストライクというよりも、ボールとコールしたほうが、逆に「そんなギリギリのところまでこの審判は見ているんだな」という見え方になる。流れで決めるわけではないですけど、試合にはやっぱり流れがあって、審判も流れに飲まれる時があるんですよ。雰囲気に飲まれるというかね。結局、人がやっていることなんで、ピッチャー側からしたら、際どい所を突いたら「ストライク」といわれるという技術も絶対に大事。そのためには、緊迫した場面になったときのために、何もないときにちゃんとストライク投げられますよ、コントロールできますよっていう見せ方もやっておくんです。審判に「斉藤さんそこそこコントロール良い」と、普段から思わせることも技術です。そういう感じのギリギリの所って、ストライクって人間って言いやすいじゃないですか、心理的に。でも普段からコントロールの悪いピッチャーだったら、いや「ギリギリボールだ！」となる確率が高まると思います。

人間の目でジャッジすることなので、審判をどう味方につけるかなんです。審判のクセも審判のストライクゾーンも解っていないといけない。この人は狭い、この人は外が広い、横が広いとかあるので、どこら辺をよく取るとかもね。ルール的なストライクゾーンはありますけど、審判のストライクゾーンも一つ覚えておけば、そこボールって言われても、「あーまたこの審判だからなー」って思った方が次に繋がってくる。「なんでやねん」と思ったり、それで次の球を迷いだしたら意味がない。

葛藤なんですよ、次に活かすためには、ある程度の傾向やクセを知ればいいんです。それを不服に思ったところで、判定は変わりませんからね。

もちろん審判も「ちょっといまのはストライクだったかもしれないな」と思っている時もあるでしょう。でも人間って図星を言われると嫌じゃないですか。正面から図星を言われることで、意固地になる人だっているかもしれない。それは得じゃないですよね。逆にストライクゾーンを狭めていくということにもなるので。相手のことを知って、相手のストライクゾーンを探りながらやっていく、というのは一つの方法だと思います。

――何だか社会における上司と部下の関係にも似た話ですが、そういう審判のクセみたいなものはノートとかしているものなのでしょうか？

いや、僕は書かなかったですね。この審判はこのクセがあるというのは憶えていました。僕、メモがとれないいんですよ。小久保さんからも何回も「メモしろ」って、ほんと再三言われてきたんですけど、3日も続かなかったです。勉強嫌いだったことが影響しているのかもしれませんね（笑）

でもこれだけ頭の悪い自分が覚えていたということは、プロで生きていく上ですごく大切なことだったから。いまはビデオ判定もありますけど、人がやるからドラマがあるんです。大事な勝敗に関わるとか、それで状況が変わる人も確かにいるでしょうけど、僕はそれもドラマの一つだと思います。それぞれの人のストーリーであって、大事なのは、そこからその人達がどうするか、ということ。でももちろんみんな生活がかかっているので、人がやるから面白いというだけでは済まされないこともあるのは確かです。難しい判断ですが、僕はそういう野球が好きですね。

――2007年の甲子園の決勝で佐賀北のバッターに満塁ホームラン打たれる前の、広陵高校の野村（現広島カープ）が投げた真ん中低めのボール、あれをストライクだったという野球ファンは多いですけど、まさに流れに飲まれた審判のジャッジだったといえるかもしれませんね。

あの後、野村君が大学を経てプロに入り、プロで好成績を残しているいうという今があるからこそ、あの試合やジャッジがまた更に輝きを放つわけじゃないですか。それがその人のストーリーになる。僕はそういうプロの人のストーリーはすごく好きなので、それに負けるなって思うので。

「そこからどうするか、というのはお前の人間力じゃない？」とか思ってしまいますね。

――受けていたキャッチャーは小林（現巨人）ですもんね。

そうそう。それで終わる人も、もしかしたらいるかもしれないですけど、でも振り返って、振り返れるように生きていけたら、最高の思い出になっていくんじゃないかなと思います。人って嫌な経験、辛い経験をすることはたくさんあるじゃないですか。でもそれを後に、どれだけ笑い話にできるかということを常々思うんですよ。それは自分の成長じゃないかと。自分がどれだけ頑張ってきたかという証拠だと。僕も苦しい経験いっぱいありますけど、絶対コレどこか飲み会でもいいし、笑って話してやろうって思うことあります。笑い話にしてやろうっていうのが活力です。それでもう僕の勝ち、という考え方なので。その経験が活きているということ。すべては無駄じゃないと思いますね。どう思うか、どうするかによって、経験って無駄にはならないと思います。経験したらそれは活かしていくべき。経験した以上は活かしたいし、嫌な経験にフタをしたらそれはただの嫌な思い出にしかならなくなる。なので、いつかそれを笑い話にすることが勝ちだなと。

「あの時俺なんてなー」とか言えるようになったら、もうその時の自分より。いまの自分の方が絶対に成長しているわけです。嫌なことがあったらそう思うようにしている。その時は辛いですけど、「これでまた一つネタができたな、喋るネタができたな。このネタいまは喋れないけど、このネタを活かすのは、この先の俺の行き方次第やからな」と。

いま味わっている苦労をいつか笑い話に

この先成長していって、いまとは違う感じで見られるようになったとしたら、「お前そんな経験してたんだ、そんな思いしてたんだ、俺もっと頑張らないといけないな、頑張れるな」って、ちょっとでも思ってもらえたらいいかな。僕のひとつの経験が僕のものだけではなく、いろんな人のちょっとしたスイッチになったら、自分自身の経験値ってさらに大きくなると思うんです。

そう考えたら、僕の気持ちの中のいろんなことが膨らむんです。

「このこと、いつか絶対話してやる。ネタとして話してやる」って。

それが人のためになったら最高の経験じゃないですか。自分だけのためだけじゃなくて、人のためにもなる。人のために、その時経験したと思えたら、またそれもいいですよね。嬉しいじゃないですか。

だから僕はみんなに「失敗はするものだから」という話をします。

ずっと成功し続けることはないと思う。失敗は絶対するものだから、その失敗を笑い話にできるように心構えでいるのが一番いいね、って。

僕は失敗した人を何とも思わない。ただその後、その人がどうするかがすごく大事だと思う。

そこから頑張ろうとしている人には、その人のためにできることがあれば、僕は手を差し伸べたいと思います。そこで腐ってしまうようなことがあったら、それは勿体ないという考え方なんです。何のために嫌な思いをしたのか？　ずっと嫌な思い出で終わりたいの?って思います。嫌な思い出ってずっと残るし、もうしたくないと思うのが普通。大切なのはそこからなんです。

ただ、しんどいけど、「しんどいからこそ前に行け」とは言いません。

僕が伝えたいのは『踏ん張れ』。

そして『そこで立ち止まれ。踏ん張って、下がるな。周りの景色をゆっくり見ろ』と。

冷静になって考えて、少しずつまた前に進んでいけばいいよ、と。

僕は立ち止まることは全然否定しない。立ち止まる時というのは絶対に必要だと思う。何も分からず前に進むよりも、そういう時は立ち止まって、頑張って止まって、しっかり周りを見て、ゆっくりまた進んで行けばいいと思う。口で言うのは簡単だけど、それが一番難しいことだというのは、僕の経験で得た答。そこに一番労力を使うので。

しかし、一歩でも踏み出せた瞬間、スッと前に行ける可能性もある。そうなったらその流れに乗っていけばいいんです。

23

大成する人は「自分はこれ！」という一貫性がある

ドラフトの同期で選手生活をまっとうしたのは斉藤だけだった。才能ある選手がキラ星のごとく在籍したプロ野球の世界で成功する人は、練習のスタンスも含めて一貫性がある人だという。自分はこれ！　という強い思い。一瞬、結果を残す選手はいても、結果を残し続けていく選手には自分の軸や基本をしっかりと見定め、それに対する覚悟が感じられるという。覚悟が決まっていれば大きく道を外すことも少ないし、仮に外れたとしてもすぐに基本に立ち返れる強さがある。

「人に何を言われても、お前の感覚はお前のものでしかない！」

24

自分勝手に生きるのは成長ではない

人間関係に迷ったとき、いろんな失敗をしたとき、考えるのは〝自分はどう生きたいのか〟という生き方の原点。物事に対してではなく、自分がいま、この先どう生きていきたい、どういう人間でいたい、どう成長したいという、生き方の原点に戻ること。そして一番は、人として成長したいという気持ち、それを死ぬまで持ち続けたい気持ち。過去に袂を分かった人がいないわけではない。しかしそこを自分勝手と見るか、お互いの成長のためと見るかでは意味が違ってくる。自分の短所と向き合える素直さが、斉藤の強さでもある。

「自分の短所をわかっていたらいいですよね。そうしたら多分、短所との向き合い方もいろいろ考えられるので」

斉藤和巳の 銀言

To learn by
Ace Pitcher's experiences

25

きわどいところを「ストライク」といってもらえる技術

野球は審判との駆け引きもゲームにおいては重要な要素だ。いまは当たり前になったビデオ判定も、ピッチャーがバッターに投げるストライク＆ボールの判定には適用されない。判定に不服そうな顔をするピッチャーは珍しくないが、斉藤は〝審判も人間〟というスタンスで向き合っていた。文句を言っても得をする人は誰もいない、と割り切れる発想が他の選手とは異なっているのだ。そのためには、普段から審判にギリギリのコースを狙ったコントロールがいい、と思わせておく見せ方も意識していたという。

「人がやるからドラマがある。大事なのはその登場人物がそこからどうするかということ」

26

すべての人の経験に無駄なものはない

失敗の捉え方のところでも言及したが、人は嫌な経験、辛い経験をすることがたくさんある。でもそれを、後になってどれだけ笑い話にできるのかが、自分の成長の証でもある。斉藤もたくさんの失敗を経験してきたが、それを笑い話にしてやろうというのが活力なのだという。笑い話にできることで自分の勝ち、という考え方だ。だから、すべての経験が無駄ではないという。嫌な経験にフタをしてしまったらそれはただの嫌な思い出にしかならなくなる。

「これでまた一つネタができたな、喋るネタができたな。このネタいまは喋れないけど、このネタを活かすのは、この先の俺の生き方次第やからな」

66 Kazumi
THE BRAND WITH THE 3 STRIPES

第７章

対人関係

寄り添ってくれる人のありがたさ

――斉藤さんは人見知りだと聞きますが、それでもプロ野野球選手という職業を選ばれた者同士、他チームの選手とお会いしたり、交流したりしたことってあったんですか？

僕は基本的にないですね。仲良くなれなかったです。僕の考え方では、やっぱり敵なので。でもピッチャー同士だったらまだ喋れるんですよ、対戦することはないので。でも相手がバッターだったら、それはできなかったですね。たとえばそうしたお付き合いを経て仲良くなって、ちょっとでも情が入ったらどうなる？　と思うんです。僕はそこの自信がなかったので、仲良くなれなかった。仲良くなってしまうと、対戦でインサイド投げないといけないのに、それがちょっと甘くなってしまったらどうするんやろう、という思いはいまだにありますね。どんなバッターに対しても、情を挟まないで向かい合いたい。知らないバッターに対しても当てたくないというのに、仮によく知っている相手ならもっと当てたくないと思ってしまうんじゃないかなって。そんな気持ちでボール1個分、真ん中に行ったら。その1個分に生活が懸かっているのに、そこで打たれたら、こっちの生活は？　チーム全体の生活は？　応援してくれてるファンの人は？　とかって思ってしまう。それなら別に仲良くするメリットもない。する必要がないというので、僕は現役時代、他球団に仲のいい友達はいなかったですね。

――メディア関係者とも？

いいえ、メディア関係の方で仲良くさせていただいた人はいました。地元の、特に新聞記者の人たちとは仲良くさせてもらっていましたし、いま評論させてもらっている地元紙の西日本スポーツの人たちとは昔から、定期的に食事も行ったりしていますしね。

僕、1年目のときからお世話になってる新聞、その西スポの方は、もうデスクになられたのでグラウンドには来られなくなりましたけど、いまだにお付き合いがあります。その当時からずっとお世話になっているというか、見てくれていたんですね。僕が辛い時も一緒にいてくれたり、手術したらお見舞いに来てくれたり。家族ぐるみでも仲良くさせてもらってきたんで、だからいまでもその方とは仲良くさせてもらってますね。

当時は僕も若かったので、色々な話はしましたけど、僕が色んな変化をして行っていることも気づいてくれていました。ケガをしているときなんか、僕への話し方、接し方とかも変えてくれたりしてくれました。気を使ってもらいましたね、なので、いまでも何でも言える仲ですね。

――チームメイトだった人とは、いまもお付き合いされていますか？

つい先日もある先輩の息子、娘と話していました。赤ちゃんの頃から知っているので。彼らからしたら僕はお兄ちゃん的存在らしいので、色んな話を聞いて。色々思うこといっぱい話し合いました。難しい年頃になったみたいだけど、大人への階段を登り始めたのかな。

「俺はこんな性格だけど、人を嫌いになることはない。それを教えてくれたのは、お前の、お前たちのお父さんだぞ。お前たちの父さんから俺は教えてもらった。たとえば人を嫌ったり、憎んだりするとかってあるかもしれないけれど、それはもう最後の最後に持つべき感情。どうしてもダメだったら、その人との関係を切ればいい。でも、その人のことを違う角度から見たらどうなんだろう？　という視点も必要なんじゃないか。お前らはこれから、もっといろんなことに直面することになるはずだけど、一番難しいのは人の心を動かすことなんだ。それが一番難しいってことは、その反面、一番動きやすいのは自分の心。自分をどうやって動かすのか、感情をどうコントロールするのかというのをやって、いろんな角度からその人のことを見てみることも必要なんじゃないか。

それでも無理だったら、関係を絶つジョーカーを切れ」って言ったんです。

「これがやりたい、やったけど嫌だから辞める」を繰り返していたら、なんでもすぐに切る癖がついてしまう。人や社会との関係の中で嫌な思い、辛い思いをして、「なんでこういうことが起きたんだろ？」ってなったときに、そこで一度ちゃんと向き合いなさい、と。そこで分析して、じゃあ違う角度から行ってみようかな、っていう感じで。物事そうやって見ていくっていうことは、人生にとって絶対いい。

ただ、いってもまだ20歳と22歳で、お前らそれをいますべてやれって言うのは無理。若気の至りという言葉もある。世の中すべてシンプルなことが大事というところもある。失敗は成功のもとというのも誰もが知っていること。嫌って言うほど聞いているから、その言葉は当たり前になっていると思うけど、いつ誰が言い出したのかは知らない。けど僕らが生まれる前からある言葉。その言葉がまだ生きているというのは、それなりの理由があるからだと思う。

僕は怪我に始まって怪我に終わった野球人生だった。でも、その怪我が僕を作ってくれた。怪我したことでこんな先輩にも出会えて、こんなチームにも出会えて。怪我しなかったらそれすら気付けなかった。いまとなってはその怪我をしたことが良かったです、っていうことを話させてもらいました。

――失敗が人を成長させるって簡単に言う人もいるけど、でもその通りですよね。

そうですよね。そこでどうするかって、すごく大事ですね。いい時はみんないい風に回っていくので。悪い時に、自分とどう向き合えるか。悪い時にどれだけ自分の周りに人がいるかっていうのが、その人の価値や、その人の人間力であるかなと思います。そういう人間になりたいなと思います。たとえば僕がいま困ったら、どん底の状況になった時、どれだけの人が手を差し伸べて、近くにいてくれるか。実際それはわからないですけど、でもそこで、その人のこれまでの生き方が表わされる気がします。

まあそういう方向に行かないようには、できるだけ頑張りながら、行った時にそういう人たちがいたって思えただけでも、どん底でも仲間がいるって思えただけでも、心は救われるんですよね。それは大きいと思います、ほんまに。一人ってなったら死ぬことも考えてしまうかもしれない。

その時一人でも二人でも、自分の近くに話だけでも聞いてくれる人がいたら。寄り添ってくれる人をどれだけ作るのか、というのはすごく大事だと思います。それまでの時間であったり、その人の中にどれだけ入って行けるか。その人が自分の中にどれだけ入ってくれるか、というのもあるし、その作業がすごく大事だなぁと。結局人は、人と人との間でしか生きていけない。一人ではなかなか生きていけない。一人の力は微々たるものだというのは、それはもう野球が教えてくれたことです。

斉藤和巳の銀言

To learn by

Ace Pitcher's experiences

27

失敗は成功のもとという言葉は昔からあるけれど、その言葉がまだ生きているというのは、それなりの理由があるからだ。

人を嫌ったり、憎んだりするのは最後に持つべき感情。一番難しいのは人の心を動かすこと。そしてそれが一番難しいということは、逆に一番動きやすいのは自分の心。だから人に対して負の感情を持ったらまず自分をどうやって動かすのか、そして感情をどうコントロールするのかをやって、いろいろな角度からその人のことを見てみることも必要。悪いときに自分とどう向き合えるのか。人間関係に悩む知人の子供たちに話した言葉である。

「人は人と人の間でしか生きていけない。一人の力が微々たるものというのは、野球が教えてくれた」

28

悪いときにどれだけ自分の周囲に人がいてくれるかが、その人の価値であり人間力である。

いいときはチヤホヤしてくれるけど、悪いときにどれだけ自分の周りに人がいるのか――孤独の中でケガやリハビリを経験してきた斉藤だからこそ、その言葉には重みがある。話の中でしばしば出てきた〝辛いときに寄り添ってくれる人〟というワードが印象的だったが、プロ野球という特殊な世界で生きてきたからこそ、人の出入りの激しさを実感してきたのだろう。

第 8 章

聞き流す力

個人に対する助言の難しさ組織を守る助言の責任感

――コーチからの助言って、斉藤さんにとってどういうものだったのでしょうか？

僕、子供の頃からズル賢いというか、あまのじゃくというか、人の話を聞かないところがあって、自分がやりたいことをやっていました。とにかく人から「ああしなさい、こうしなさい」と言われるのがイヤだったんです。それはアマチュアで野球を始めたときからそうで、プロになったらもっとイヤになっていました。だって誰も責任をとってはくれませんからね。ということは、そのコーチのことをまだ僕が信用していないということなんです。とはいえ、コーチと選手という関係性ですし、何の実績もない僕は「イヤです」とは言えない。そこでこのコーチの指導力を見極めたいということになったら、やっている風でやらない、みたいなこともありました。意識してますよみたいな（笑）

まあ、この部分は二ュアンス的に難しいのですが、「こういう風に投げろ」と言われてたまたまいいボールが行ったりすると「ほらみろ！」となる。僕はちゃんと投げていないのに、そういう反応だと「あ、この人は見えてないんだな」と思うわけです。結果が良かったらそれでいいと考える人なんだと。でもそれって、プロのコーチではないと思うんです。だったら、こっちもそこは上手く使ってかないととなる。だからその時々の距離感というのを、ちゃんと考えなければならないなと思うようにしました。結局そういう人って、最後まで寄り添ってくれる人ではないんです。僕は現役中、そうやってコーチの力量を測っていました。

――そのコーチの現役時代の成績と、コーチングはイコールではない、ということですか？

ないですね。仮にそれがイコールになったら最高ですけどね。やっぱり苦労したというか、怪我や挫折を知っている人の方が、常に近くにいてくれるような気がします。あ、見てくれているんだというか。それが一番の安心材料になるし、また頑張ろうという気にさせてくれるんです。

人間はやはり感情の生き物ですから、最後はそこなんです。いくらプロとはいえ、そこは一番大事な部分だと思います。実際僕はそれを経験しましたし、「ああ、こんなになってもまだ僕のこと気にかけてくれているんだ」ということが分るだけで、素直にまた頑張ろうという気持ちになりました。

――エースになってもコーチは何か言ってくるものなんですか？

いや、もうそういう立場になると何も言ってきません。逆にすべて任せられるんです。そうなると今度は孤独との戦いになる。そこからプロの怖さというものを実感するようになるんです。結果を残しているだけに、逆に周囲も言えなくなってくる。でも僕はそういう接し方は違うなとは思っていました。実際孤独でしたし、本当は信頼するコーチに近くにいて欲しかったけど、しょうがないなと思う部分はありました。もし僕が指導者になったとしたら、実績は関係なくダメなことはダメと言える指導者でないと、やっている意味はないなと思います。ただ、それを言える自信が本当にあるかどうかは分らないですけど。指導者になったらゴルフも出来なくなるし（笑）

――たとえば、同僚のピッチャーのトレーニング法とか、投げ方を見て、ああ間違っているなと思うようなことはありましたか？

まあ、個人的な観点ですけど、投げている姿を見て「いやぁー」と思うことはありました。ただ、それを指摘したりはしませんでしたけどね。そいつの野球人生ですから。逆に聞いてきたら思ったことは言いますけど。選手個人が自分で考えてやっていることに関しては何も言わないですけど、それがチームプレーに影響することだったら僕は言います。だってそれは、みんなに影響してくることですから。ただ、そうは言っても結果が出ないで悩んでいたりすると、頃合いを見て違う方向から話してあげることはありました。みんな個人事業主ですから、僕が何か言ってダメになっても責任はとれませんから。逆にチームや組織に影響してくることだったら、それは僕自身にも関わってくることですから「そういうのはやめた方がいい」みたいなことは言ってましたね。

斉藤和巳の 銀言

To learn by

Ace Pitcher's experiences

29

人の意見がありがたいときもある。でもそんなときでも、一番大切なのは自分の感覚

入団した時から斉藤はコーチの助言に懐疑的だったようだ。まだ18、19の若者なのに、「この人がいう通りに投げて、もし失敗したら責任とってくれるのかいな?」と思っていたという。それよりも大切にしたのは自分の感覚。ただ、すべてを否定してては人間関係が立ち行かなくなることは理解していたから、その立ち回りを上手にこなしていったという。仮に自分が指導者の立場になった場合でも、選手が聞いてくれれば答えるけど、自分から「ああしろ、こうしろ」とは言わないだろうと語っている。

第９章

食と身体

一流選手の"食"に関するあれこれ

——食事への意識はどうだったんでしょうか？

僕は基本的に痩せる体質なので、何かを選んで食べるということよりも、量を食べていかないといけなかった。なのでご飯はよく食べるようにしていました。その辺は恵まれている部分だったと思っています。とにかく何でもいいので食べるということ、それだけ食べてもすぐ痩せてしまうので。一晩で2、3キロ体重が増えても、朝起きると戻っているんですよ。「どこに行ったんだよこの2、3キロは?」と、若い時はそういう感じだったので、どんどんトレーニングして食べて、トレーニングして食べて、という繰り返しをずっと毎日やっていたら、それで体質は変わってきますよね。筋肉がどんどんついていく。

同時に、流行り始めていたプロテインとかも飲んでいました。プロテインだけでは飽き足らず、もっとタンパク質。どうしたらいいだろうなと。ちょうどその頃、清原さんの肉体改造が話題になっていて、ササミ中心の食事とか、ゆで卵の白身だけとかという情報も入ってくるようになりました。当時、僕は寮を出ていたので、ササミなんかは一人で準備するのが難しい。でもゆで卵は簡単じゃないですか。それで黄身だけ取って白身をプロテインの中に入れて、ミキサーにかけて飲んでいました。あれ、めちゃくちゃ臭いんですよ、めちゃくちゃ不味いんですよ、白身だけって。それでも、「うえ〜っ」てなりながら飲んでいました。高タンパク高タンパク！

――その食生活は現役時代、ずっと続けていたのですか？

僕は多分、人とはちょっと違うかもしれないです。前にも話したように、痩せる体質なので。気を抜いたら痩せてしまうので。まず量を常に食べておかないといけない。夏場とかは汗の量が増えて、より体重が減ることが多いので、それまでにできるだけ体重を維持させます。体重の上下動というのは疲労にも直結してくるので、それで筋量も落ちてくる可能性もありますし。

オフシーズンに入ったら一度、冬眠前の獣みたいに体重を増やすんです。バンと筋量を上げるんですよ、絶対痩せて行くので。その作業からオフシーズンに入る。

分かりやすく言うと、オフシーズンは1回体重を100キロまで乗せるんです。もちろんただ太るのではなく、トレーニングをしっかりしながらですよ。しっかり身体を動かして、食事もとって、高タンパク質の物を意識して摂るようにする。1月2月は走る量や、動く量が増えていくので、その後無駄な脂肪や無駄な筋肉も含めて、自然と落ちてくるんですよね。そしてある程度、体重が97、8キロぐらいに納まるようになってきて、それぐらいの感じでシーズンに入っていければ、夏ぐらいまでに1、2キロぐらい減っても大丈夫、というそういう感じですね。

――97～98キロぐらいが斉藤さんのベストということでしょうか？

そうですね、96、7キロぐらいでシーズンの後半を乗り切りたいな、という感じでしたね。体重をあまり上下させたくなかったので。でもグラム単位で体重に縛られるということではありません。まあ漠然とした数字として分かりやすい所で考えていました。そういう習慣だったからか、いまでも体重は毎日測るクセがついています。これだけ動いたらどれだけ体重が減った、とかっていうのは気になってしょうがなかったです。夏場とか、一試合で激しい時は2、3kg体重が減ることもあって、それは苦痛でした。ここからどんどん体力が奪われていくのが怖いな、どういう養分の摂り方しようかな、とか。体重に関してはそれが苦しかったです。

現役引退してからはそのプレッシャーがまったくないので、食に欲がなくなりました。何か美味しいものを食べたいという気持ちもたまに起こるくらいで、胃が満たされればいいという感じ。いまでは、「何が食べたい?」と聞かれても、「何でもいい」と答えます。

――栄養士みたいな方っていらしたんですか?

はい、球団には必ず栄養士がいました。でも僕は栄養士の人よりも、チームのトレーナーに指導していただくことが多かったです。当時のチームトレーナーが結構食に詳しい、ボディビルダーのような人だったんですよ。プロテインとかカロリーとか食事制限とかも自分でいろいろと研究していたらしく、栄養補助食品などをパッと見て「これとこれとこれにはどういうものが使われていて、何キロカロリーある」というのがすぐに分かるぐらい。個人でも専属のトレーナーをつけていましたけど、チームではその人が専門の人だったので、その人にはいろいろと聞いていましたね。

――タンパク質とか野菜とかのバランスは意識しましたか?

僕はそんなに細かくは意識していませんでした。ただ、試合前と試合後はどういうものを摂った方がいいのか、どれをよりよく摂った方がいいのか、と簡単なものでしたね。

たとえば当日の試合前は、うどんとバナナ一本。お腹いっぱいは食べないので、6分7分ぐらい。少しそれでもまだ空腹すぎるなという時は、おにぎりをつけるかつけないかを考える。少し空腹かな、くらいがいいので。試合中にウィダーインゼリーとか、ゼリー系を1個か2個食べたりする。空腹すぎない程度でいいです、若干空腹ぐらいの感じで。

試合後は、出来る限りタンパク質をより多く。炭水化物よりもタンパク質ですね。でも牛肉は疲れた身体というか内臓にはちょっと重いので、投げたその日にそういうものを摂るというのはあまりなかったですね。それなら魚白身とか、ちょっと軽いものがよかった。肉ならチキンとかそちらの方が。試合後は内臓が一番疲れているので、できるだけ消化が良いものをと意識していました。

一方、投げない日や休養日の食事は普通に取ります。登板と登板の間の数日間は、好きなものを好きなだけ、腹いっぱい食べていました。お酒も飲みました。野球のシーズンは長いですからね、毎日試合だし。「飲まないとやってられないよ」という選手もいました。

オフシーズンは前にも話したようにとにかく食べる。自主トレ中は料理人の方が来てくれたり、行きつけのお店に行ったりしていました。とにかく1月は動き回ってハードなメニューをやっているんでメチャメチャお腹が空くんですよ。それだけ消費しているんです。で、一気に体重が落ちるのを避けたいので、量を食べる。明日も明後日もずっとトレーニングが続くので、とにかく食べる。出たものを食べる。かなり僕は元気に食べていました。
ただ、僕のそういう時期のことを知っている人たちは、僕のことをいまだに大食いだと思っているんです。引退後のいまもそんな感じですね。先輩と食事に行って、料理をばーっと出されたりする。現役じゃないからもう食べれないのに、でもやっぱり昔の名残りで残すわけにはいかないんです。「先輩できるだけ食べてくれよ」と思いながら。でもいまの子達は、その辺はもっときちんとやってますよね。サプリメントを飲んで、栄養士つけている選手もいたりする。

――斉藤さんは現役引退された後に体重って変化したんですか？

はい、変化しました。僕は引退後、トレーニングをきっぱり辞めたので、1か月2か月ぐらいで4、5キロ減りました。トレーニングで作った身体だったので、筋肉も全部落ちていきました。もともとプロに入る時は80キロもなかったんです。それぐらい作った身体だったので、現役中はその維持をずっとしてきただけなんです。だからそれを止めたら、一気に体重が減る可能性があることは自分でわかっていました。

ここ1、2ヶ月ちょっと上がりましたけど、引退してからは91、2キロ、ここ5年間ずっと変わらないです。特別体重を気にしているわけではありません。食事量は一気に減りましたね。落ちるのも早かったですよ。

――お酒は普通に飲まれるんでしょうけれど、サプリメントって飲まれていましたか？

当時、個人的に契約していたトレーニングコーチが準備していてくれていて、トレーニングが終わった後に飲んでおいて、というのはありました。ただ、僕は基本的にそういうサプリメントには興味がなかったので、できれば食事で栄養摂取したかった。食事で補えないからこその補助食品なんだからって思っていました。

当時はその効果があまりわからなかったんですよ。トレーニングコーチからサプリメントを渡されても、それを渡されたことによって何が変化しているのか、何がどうなっているのかというのも全く分からない。僕はそこら辺、何か変化を感じたいというか、何か本当にちゃんと自分で感じてないと嫌なタイプだったんです。まあ、そこまでの繊細さがなかったんでしょうね。

――プロ野球選手って、食事と睡眠はとても大切だったと思うのですが、たとえば学生野球の指導者の中には、ごはんを噛む回数まで指導する方もいらっしゃると聞きます。斉藤さんの場合、その素晴らしい体型やパフォーマンスを維持するために、食事に関してどう向き合っていらしたのでしょうか？

僕は痩せる体質だったので、現役時代は「量を食べなければいけない」という使命感に駆られていました。僕の場合、シーズン中はどんどん痩せていくんですよ。体重が減るということは、筋肉量とかも少しずつ落ちていってしまうんです。パフォーマンスに関わってくる問題ですからね、とにかくシーズンでしっかり成績が残せるようにたくさん食べることを意識していました。言ってみれば、動物と一緒なんです。冬眠する時はしっかり食べて蓄えて、それを使っていくみたいな。ただその使い方は、その後何も食べずに使っていくのではなくて、減っていくのを最小限に抑える作業として食べていく感じでした。じゃないと1年間持たないので。

そういう食への意識が高まったのは2003年。2003年はシーズン中に8kgも体重が減ってしまって、身体がヘロヘロになってしまって。それを1年かけて学んだので、翌年からはまず量を食べることを意識しました。質の良いものを登板前後でしっかり摂る。摂るものもトレーナーにいろんなアドバイスを受けながら、たとえば登板前は炭水化物をできるだけ多く摂っていた方がいいというので、2、3日前から炭水化物を多めに摂っていました。炭水化物はできるだけ先に摂って、その後、多めのタンパク質、登板後はまたタンパク質を摂る、というような感じでやっていました。

――肉と野菜のバランスは?

野菜はしっかり食べていました。基本的に好き嫌いをせずに、かぼちゃ以外何でも食べられました。かぼちゃだけが唯一食べられないんです。実は、もともと好き嫌いが多かったんですけど、大人になるにつれ、嗜好の変化というのももちろんありますけど、「身体のために何でも食べられるようにしていかないと」、という考え方に変わっていったんです、食べず嫌いもいっぱいありましたけど、『野球のため』と思って食べていくようにしました。それで、どんどん好き嫌いがなくなっていきましたね。

ただ、唯一気をつけていたのは、登板前日に牛肉は食べないこと。一度、登板前日に遠征先で結構お腹が減っていたのでご飯と牛肉を、バイキングだったのでお腹いっぱい食べたんです。そうしたら次の日、すごく身体が重くて、あまり調子が良くなかったんです。トレーナーに、「昨日めちゃくちゃ体重かったんだけど、食事とかあるのかな?」という話をしたら、「昨日何食べたのか?」と聞かれて、それで食事内容を説明したら、「牛肉じゃない?」といわれました。

牛肉っていうのは消化が遅い。硬いものなので、消化しようって内臓が頑張ってしまう。元々僕は胃腸もあまり強くなくて、内臓が頑張ってしまうところがあるのかなと思って。それ以来、牛肉は登板前日にはもう絶対食べないようにしました。食べても豚とか、でも脂があるのでそれも避けた方がいいかな、みたいなことも考えるようになりました。とにかく牛肉はそれ以来、登板前日には食べないようにしていました。僕には合わないなと思ったので、魚とか他の消化のいいものを食べるように心がけていましたね。

斉藤和巳の銀言

To learn by Ace Pitcher's experiences

30

オフシーズンに入ったら冬眠前の獣のように体重を増やす

１年間戦える身体づくり。斉藤の場合はすぐに痩せる体質だったので、トレーニングをしながらオフシーズンに１度、体重を１００kgまで乗せていた。その時の食事は高タンパクのものを意識して摂取し、１月〜２月のキャンプで無駄な脂肪や無駄な筋肉を落とす。そして、97〜98kgをキープしてシーズンに入る。夏場には１、２kg減っても大丈夫という身体づくりを行っていた。

「野球のため、という思いで食べていたら好き嫌いがなくなった」

第 10 章

組織論

言葉の責任を持った選手たちが作った優勝チーム

――斎藤さんが入団した頃のホークス（当時ダイエーホークス）は、あまりいい成績ではなかったですよね？

ええ、弱かったですね。毎年5位とか6位とか、最下位争いをしているようなチームでした。その前からそれが当たり前の状況というか、万年Bクラスでしたね。僕が初めて一軍に上がったのは2年目の消化試合でした。ホークスは99年に優勝したのですが、その前の98年にAクラス入りしました。当時はまだそんなに強いチームではなく、Aクラス入りしただけで福岡が盛り上がるようなそんな状況でした。僕は96年が1年目でしたので、4年目に初めて優勝を味わったわけです。

――秋山さんや工藤さんはもうＦＡで入団されていたのでしたっけ？

僕が入団した頃はもう移籍されていました。ですから、それだけの戦力補強をしても優勝までにはすごく時間がかかっているんですよね。実は日ハムから移籍された武田さんとは同じ年にチームに入ったので、僕と武田さんは同期なんです。武田さんは大先輩ですけど、

「ホークスでは僕と武田さんは同期ですからね。タメ口でいいんじゃないですか？」なんて冗談を飛ばしていました（笑）けど、真面目な話、チームが一番影響を受けたのは秋山さんでしたね。リーダーという感じでした。

――ＦＡの人選は王監督の意向だったのでしょうか？

いや、それはもう根本（陸夫／ダイエーホークス監督後はＧＭとして活躍。99年死去）さんの手腕ですね。〝球界の寝業師〟と呼ばれた交渉力を発揮して、難しい他チームの主力級の選手を次々と獲得されていました。秋山さんは3対3のトレードで移籍され

ましたけど、あのトレードは根本さんじゃなきゃ無理だったと思います。もちろん、元西武のＧＭだったということもあるでしょうけど。その後で石毛さん、工藤さん、武田さんと移籍してこられました。同時に逆指名で有望な新人を多数獲得し、小久保さん、井口さん、松中さんが入団されてきた。

前身の南海ホークスの時代からいた先輩たちの中には負け癖というか、そういう負けを許容するような空気感があったと根本さんは思っていたようでした。なのでまず根本さんは、チームを戦う集団にするために王監督という柱を連れてきた。そして〝勝つことを知っている人間〟を徐々に入れてきました。でもそれだけで組織が劇的に変わるわけではないんですけどね。当時僕はまだ1軍にいなかったので、人づてに聞いた話ですけど、試合直前まで将棋や麻雀をするような選手がいて、そんな空気を変えていかなければならなかったといいます。つまり、勝つためにどんな準備をすればいいのかを知っている選手を連れてくることで、チームを生き返らせようとしていたんですね。〝勝つためには何をすればいいのかを知っている集団〟に変えていこうとしていたわけです。

でも秋山さんたち最初は大変だったと思いますよ。経験あるベテランとはいえ外様ですしね。しかし、そこで若い選手たちが秋山さんや工藤さんに話を聞きに行き、そうやってチームは徐々に変わっていった時期だったと思います。とはいえ、最後に必要になるのは結果です。経験ある先輩について行って、これが正しい方法だと理解していても、結果が出ないことには自信にはならないじゃないですか。準備やトレーニング、練習方法など正しいことをしていても、それが結果に結びつかない、もどかしい時間は結構長くあったはずです。それまでの中心選手に対しても示しがつきません。結果が出ないと。僕はそのもどかしい時期を身近で見ていたわけではないのですが、後から話を聞いたりした限りでは、王監督を始め、選手たちもその期間が一番しんどかった時期だったと思います。本当に勝ちたい、優勝したいと思っていた一部の選手たちと、南海時代からの負け癖に慣れているような選手たちとの関係性は大変だったと思います。でも、チームが変わるにつれて南海時代からの選手の多くはどんどん出場機会が減っていきましたよね。きっといろんな反発とかがあったんじゃないでしょうか。

何かを変えようとすると、前いた人たちとの間に軋轢が生まれるのは、一般的な組織でも同じでしょう。だから99年の優勝時、あとワンアウトのシーンは僕もよく覚えていて、秋山さんはライトの守備位置で涙を流されていましたし、城島さんもマスク越しに涙が見えましたたし、松中さんも小久保さんも、皆が涙を流されていました。当時自分は一軍の戦力でもなんでもなかったですけど、寮の部屋で一人優勝シーンを見て泣きましたね。あの瞬間を見て、この優勝は今年1年だけの想いではないことが、はたから見ていても解りました。ここまで来るのにこの人たちはとてつもない時間と労力を費やし、いろんな敵と戦っていたんだなぁと。味方にも敵がいたような状況もあっただろうし。結果が出ないことへの非難や冷たい視線に耐える日々だったと思いますよ。そういうのを乗り越えた優勝だったと思います、99年は。

――当時のコーチというのはどういう思いだったんでしょうね

まあ。コーチ同士もいろいろあったんじゃないでしょうか。コーチ同士で意見が合わなくて、退団された方もいらっしゃいましたしね。やっぱり、勝てないとそういうことが起きたりするんです。プロなので勝たないと面白くないし、勝つことでよくも悪くも失敗は消せるんですよ。負けが続くということは、常に失敗が浮き彫りになった状態なんです。みんながその状況を同じ方向から見られたらいいんですけど、中には曲がった見方をする人もいますし、誰かのせいだと、結局原因を他人のせいにしてしまうことになる。勝ち負けのスポーツですからたまたまの勝ちもあるでしょうが、チームが同じ方向を見ていない状態では勝ちは続かないんですよね。

もちろん弱いチームの中でも、勝ちたい、日本一になりたいと思っていた先輩方はいたと思うんです。でも、その見るべき方向が明確ではなかったんじゃないでしょうか。その目標に向かって個人がすべきこと、チームの中で求められている自分の役割を全うすることなど、そこまで考えられていなかったんだと思います。それでは自分は優勝を目指している、とは言えないと思います。

ただ僕は、別に全員が同じ方向から同じ目標を見るべきだとは思っていなくて、違う角度でも最終的に見ているところが一緒だと感じることが出来れば、チームはそれでいいのかなという考えです。違う角度でも見ているところが一緒、というのを感じられればそれでOKなんです。たとえばプライベートで全然仲が良くなくて、グラウンドでも言葉を交わすことがない者同士でも、勝ちたい、結果を残したいという思いで努力している姿が見えたり、考え方が理解できたりしたら、あっ、見ているところは一緒だなと思える。

当時僕がその集団の中に入らせてもらったとき、先輩には秋山さんや小久保さん、井口さんなどがいましたが、みんながプライベートも常に一緒ということはなくて帰るのもバラバラ。でもグラウンドに集まったら、みんなが同じ方向を見る。試合が始まったらさらにまとまる。勝つことにこだわり、しかもそれだけじゃなくて、ダメなところはダメと言い合える空気がありました。ああしようとか、こうしろ！なんて言われた方はムッとしますが、それでも言ってることが間違っていないから、くっそーお前が間違ったら今度は俺が言うからな、みたいな思いが次のパワーになったりもする。それで、言う方も〝言葉の責任〟があるからさらに努力しようとする。そこにいい循環が生まれるんですよね。僕はホント、そんないい時期に1軍に上げてもらって、そういった場面を見せていただきました。最初は王監督を先頭に強いチーム作りを目指していたのが、いつの間にか選手が中心となって強いチームを作り出すようになった。そうなると集団の成長は早いです。あとは王監督が、チームが困った時に正しい舵取りをしながら先頭に立っていく形になりました。僕は強いチーム、強い組織というのは、リーダーや経営者のけん引力だけではなくて、その下がどう回るのかが重要だと思っています。どれだけその下が回せていくように時間をかけられるか。

僕が主力になった時、それから現役が終わり頃の投げられなかった時期、後輩にはよく「まず監督が言うことは絶対だし、コーチもいる。でもプロ野球選手はいつか辞める日が来る。監督やコーチは永遠の上司ではないのだから、強くなるために、強いチームでいるために、勝ち続けるために、日本一になるためには、選手でチームを作っていくという集団にならないと、強いチームにはならないよ」というような話をしていました。繰り返しになりますが、選手がそういう考え方を実行できるようになったら早い、しかし、そこにいくまでには時間がかかるのかなと思います。

――すごくプロっぽい視点だなと思うのですが、中学や高校で野球をやっている選手たちは、監督の言うことは絶対じゃないですか。でも学生たちが自分たちでチームを作っていくことなんてなかなかなくて、やっぱり同じ野球でもそういう部分はプロとアマの違い、ということですか？

まず大前提としてプロはそれが仕事なんです。みんなが個人事業主。学校のクラブ活動とは違って、守っていくものがあるし、それで生きていっているし、無駄なことはしたくない。でも昔のＰＬ学園みたいに、２〜３時間しか練習時間がないのに練習後の自主練習で強豪になった例も、アマチュア野球の世界ではありますからね。ですからその部分はプロアマ関係なく、チームをそういう空気感に持っていけたら、強くなるのは早いのではないでしょうか。

実は同じ関西ということもあって、ＰＬ学の話は昔から聞いたことがありました。だから、そういう空気感にするのが多分一番早いと思うし、そうなっている瞬間って「上手くなりたい」とか「勝ちたい」という共通意識をみんなで持つから、無意識に身体が動いていくものなんです。だからそこはプロやアマというのは関係ないと思いますよ。あとは職業か、職業じゃないかというだけの話で。

――それはチーム競技ならではの話ですね。

いや、僕以前から思っていたのですが、個人競技とはいえ、全部一人でやっているわけではないですよね。選手の周りにはコーチや監督やトレーナーがいて、それは一つのチームだと僕は見ています。前に出てプレーする選手をサポートするための組織ですから、自分一人でやってますという考え方をしている選手は、どこかで頭打ちを食らうんじゃないでしょうか。ありきたりな言い方ですけど、周囲への感謝というか、そういう状況を感じながら競技に打ち込むことで、別のエネルギーになったりモチベーションになったりすると思うんです。この人たちのために、みたいな。戦うのは一人ですが、個人競技にもチームはあるという考え方をしています。まあ、僕は個人競技の経験はないのであくまでもイメージでの話ですけど、いい成績も悪い成績も一人で抱え込むのではなくて、仲間がいるんだよという考え方ができれば、力が出せる場面がもっと増えるかもしれませんよね。

斉藤和巳の銀言

To learn by Ace Pitcher's experiences

31

勝つために何をすべきか知っている人たちが強い組織を作っていく

リーダーがすべてをコントロールするのではなく、勝つために何をすべきか知っている選手たちが強いチームを作っていく。99年の福岡ダイエーホークスはまさにそういうチームだった。リーダーは困ったときに正しい舵取りをする存在。強いチームは、言葉の責任を持った選手たちが中心となって作り上げていく。強い自覚と、正しいビジョンを持ち続ける選手たちがいる組織が、最後に夢をつかんでいくのである。それは一般的な組織であっても同じことが言える。同時に「失敗の責任はすべて自分が」という王貞治のカリスマ、人間性が選手たちに安心感を与えていたことも見逃せない。

「99年の優勝シーンではみんなが泣いていた。僕も寮の自室で一人、涙を流した」

第11章

これからの
選手たちに向けて

子供たち、球数制限、そして独自の野球論

――よく野球選手が子供のための野球教室などを開くとき、「道具を大切にしましょう」ということを言われますけど、斉藤さんは親御さんに買ってもらった道具、それからプロになってからの道具との付き合い方ってどうでしたか？

確か、最初に買ってもらったのはグローブだったと思います。もちろん、大切にしましたよ。でも小・中は僕キャッチャーをやっていました。小学校までは軟式で、少年野球の日程が終わって、6年の冬からはボーイズの方に行きました。高校になってから硬式に進んだ時代から、僕らの時はボーイズリーグがだんだん盛んになってきた時期でした。ただ、京都、滋賀はチーム数が少なくて。だから関西のボーイズの中で、京都と滋賀だけ京滋支部だったんです。大阪とか奈良とかはチーム数があるんですけど、関西

の中でも京都と滋賀はチーム数が少ないので、大会は京滋支部が多かったですね。大阪にはバケモンみたいな選手がいっぱいいましたよ。同級生に見えなかったですもんね。びっくりするほど大きな身体をした選手とか。

それで道具の話ですけど、やっぱり監督とかコーチとか、周りの大人から教えられて中学ぐらいから自分で手入れしていました。でも、試合前がほとんどだったかな。プロに入ってからは、スパイクを磨いて、グローブも磨いてと、それも生活の一部でした。サッカーみたいに専門の人がいる文化ではないので、野球は道具の手入れに関しては個人なんですよ。いまもどうだろう、多分みんな自分で磨いていると思いますね。だから僕はサッカーのスパイクなどを磨いてもらっている人の感覚が分からないです。人に道具を磨いてもらうというね。もし野球がそうなったらちょっと寂しく感じるのではないでしょうか。自分の道具は自分で管理するのが野球ではないか、っていう感覚なので。

磨いていて、グローブに「困った時は頼むぞ」みたいな感じって、野球やっている人はみんな持っていると思う。「下心か？」なんて言われるかもしれないけれど、手入れしながら「なんかいいことあってくれ！」って、思う時はありますよね。野球選手にとって、道具と向き合っている時間というのは大事だと思うんです。少年野球教室に行って道具を大事にしろとは言いますけど、でもそれはなかなか難しいところですね。子供に「道具を大事にしろ」というのは簡単ですが、逆に小学生くらいの子供が「くわー！」って顔して道具を磨いているのも、それはそれで逆に心配になるかな（笑）。

子供はその時その時の単細胞でガンガン行ってるぐらいの方が、パワーがあっていいなと思うんです。一応断っておきますが、僕はそこまでは子供には求めていないですね。

――野球教室で子供たちに何を最初に教えるんですか？

野球教室で僕が一番心がけているのは〝迷わせない、惑わさない〟。

子供達と接するのはせいぜい2、3時間。その2、3時間でいくら子供相手でも、また大人相手であっても、上手くさせてあげることなんて絶対に無理なんです。そして結局彼らは、野球教室が終われば指導者や、親の元に帰って行くわけなんです。その教室に参加するまでは指導者や親との時間を過ごし、そして僕らと2、3時間を一緒に過ごす。元プロ野球選手というだけで、彼らがいままでいろいろと教わってきたことを覆すことも、しようと思えばできる立場ではあるんです。しかし、そこでそれをしてしまうと、子供達が迷ったりしてしまう可能性も出てくるので、絶対それだけは避けたいなと思って接しています。

それで、これが正しい方法なのかというのは分からないですけど、僕は基本的には投げることを専門に教えることがほとんどなので、まず実技に入る前に子供たちを集めて、発言をさせます。

発言させるというのは、キャッチボールで〝何に一番気をつけているのか〟というのを子供の口から言わせるようにしているんです。だいたい何をいうかは分かってるんですけどね。というのは事前に僕の中では準備があって、子供たちが何を言ってもやることは決めているから。

でも僕はこの時間を、この野球教室の30分なら30分の中で発言させることで、一度無条件に子供たちの言葉を受け入れてあげるんです。いままでやってきた野球は間違ってないんだよ、ということを、みんなが大事なことをそこまで意識できているというのを、褒めてあげるんです。今日はその中で「ここだけ気をつけよう」、「これは共通でやっていこう」、「それ以外のところはいつも自分で気をつけていることをやっていこう」と、出来る限り発言をさせるので、なかなか始まらないんですけどね。

子供ってまず手を挙げないんですよ。だから僕は煽ります。

「何もないのかお前ら」と。

「何も考えずに投げてんのか、それじゃ上手くならねーよ」って。

そうすると、勇気持って手を挙げる子が出てくる。手を挙げた子をまず全力でそれを褒め倒す。「こういう時に発言するというのが大事なんだよ」

「自分が上手くなりたいなら勇気をもって手を挙げる」

それで大体みんな手を挙げるようになるんです。ちょっと時間が押してもみんなに発言させる。こういったやり方はもうずっと前からやっています。少年野球での指導は、そこに行きつきました。

あとは、実技に入ったらもう褒めちぎります。僕が言ったことがうまくできてないなと思ったら、投げたい方向にしっかり足出せ、インステップしたりアウトステップしたりしてる子がいたら、出来る限り自分が投げたい方向に足を踏み出すように、意識とイメージを常に持つよう助言しています。

それはできるできないじゃなくて、意識することから始まる。イメージするということが絶対だから、それでステップが中に入っていても僕は何も言わないです。意識してトライしようとしているな、というところで失敗してるのはそれでいい。初めからうまくなんていかないんです。でもそうやって意識した、イメージしたことが大事なんだから、そういうイメージをずっと持ってやろうと。

結局、考えるっていうことをさせたいわけですよ。ちょっとでもその考える作業を、何かをすることを考えるというのを、意識づけさせたいんです。そこで成功体験ができれば一番いいんですけど、全員が全員それは難しい。でもまあそうすることが、上手くなるための一番の近道というメッセージは伝えたいなと。

――考えることでピッチングは上手くなるんですね。

そうですね。考える力ができれば、何が起きても自分でちゃんと一回受け入れて、何が良くて何が悪いかという分類ができていくと思う。そうしたら一つ受け入れるだけではなく、捨てる作業もできていく可能性が出てくる。後輩にも話したことがあるのですが〝聞く力〟ってすごく大事で、それと同じぐらいかそれ以上に、〝聞き流す力〟というのも大事なんです。それが自分を作っていく。コーチや周囲の助言を何でも受け入れるのはいいけれど、そこから何をどれだけ捨てられるか、という作業を自分で考えたり感じたりすることって絶対大事なことなんです。ただ、捨てる勇気ってなかなか持てないんですよね。聞き流すというのは、結構怖い作業でもあります。

――たとえば2時間の野球教室の中で、早々結果が出るわけではないですけれど、それでもちょっと斉藤さんのアドバイスで良くなったりすることはありますか？

たまにいますね、ガラッと変わったと思える子が。

何も言わなくても「ええやん」という子もいます。そういう子は身体つきや体の使い方など、元々のポテンシャルが高い。だからちょっとした振り幅でガラッと変わったりします。多分何も意識はしていないんでしょうけど、無意識にできているからこその能力の高さを感じます。そういう子が中学、高校になって、もっと自分で考えられるようになったら、何も問題ありません。だっていまの時点でこの状態を維持できているんですから、たまに僕は怖くなりますね。胸の中では「もういまのまま、このまま行けよ！」って。

ただ、そういう子の指導者や親っていうのはわかってるんですよ、その子の能力を。問題は子ども以上に周りが熱を出してしまうこと。僕はそれが怖い。おそらくその重圧に押しつぶされてしまうような子供も多分いると思う。プレッシャーがきつ過ぎて。だから野球教室の現場にその子の指導者とか親がいたら、「全然、このままでいいですねー」と言うようにしています。

何か壁にぶち当たった時に、その子の周りの大人がどういう寄り添い方ができるか、ということを考えてあげる方が大事かな。そういう子を見るとよく思うことです。

――ピッチャーの走り込みって、なぜ大切なのでしょう？

走るって、下半身だけを鍛えているわけではないんです。上半身も含めた身体全体を使うトレーニングなんです。上手く速く走るためには足はもちろん、腕も使わなければならない。よく海外の短距離の選手がウエイトトレーニングですごい身体を作っていますよね。腕を振る筋力って必要なんですよ。足を動かす、腕を動かす、手を動かす。それらをつなぐ体幹だったり、そこをつなぐバランス、タイミングがちゃんとしてないと、出来る限り足を早く動かすというのは難しいんです。走ることで自然にそれは身についていく。足の筋力もないといけないですけど、全身というか、軸がしっかりすることが大切なんだということです。

また〝走る〟ということも、ただただ走るのと、意味を持たせて走るのとでは、力のつき方に違いが出てくるもの。単にグラウンド20周じゃなく、どういう意識で走るのか、何でやらないといけないのか、そのトレーニングにはどういう意味があるのか、というのを考えるだけでも全然違いますよね。

野球を始めたばかりの小学生を走らせるのはいいけど、僕はいろんなことをさせるのもいいなと思います。野球だったら野球に特化するのではなく、他の競技やらせてみて、いろんな動きを覚えることで、自然と脳を鍛えることにも繋がってくる。体力ではなくて運動能力を上げていくんです。

日本でもそういう指導が当たり前になったらいいなと思います。アメリカはそうですよね。子供の頃は一つの競技に絞るということは少ない。日本の場合はそうすると週末しか試合がないので、まあ難しいのかもしれないですけど。でも、いろんな競技を経験して運動能力を上げるのは、子供の指導における一つの方法かなと思いますね。

――指導の中での体罰についてはどういうお考えでしょう。社会問題にもなっていますけど。愛のムチなんて曖昧な言葉はもう通用しなくなっていますが。

叩くことがいいというのは、まずないですけど、難しいですよね。

パワハラとかセクハラとかって相手ありきで、その人がどう感じるかですよね。叩かれてもその子がそう思わなければ、それは体罰にならないわけですから。必要とは思わないですけど、時にはそういうのもあってもいいかなとは思います。そこにちゃんとした理由というか、その指導者の気分、気持ちだけで体罰を与えたら絶対アウトですよね。でもそこで相手に分かってもらうためには、いままで以上のコミュニケーション、お互いの理解が大事になってきている気がします。その関係を高校の指導者と生徒が作るというのはすごく難しいことで、いまの指導者は大変だなと思います。昔の方が簡単でしたよ、押さえつければいいだけの話だったのですから。

でも一方では、何でもかんでも親が出過ぎというのもあります。親の熱が高すぎるんですよ。熱が高いというのは、子供に期待し過ぎているから。親が大人になりきれていない。心配な気持ちは分かりますけどね。子供には子供の世界があるので、ある程度そこは見守るということも、親としても指導者としても大事ではないでしょうか。何か指導するとか教育する立場にいる人間が一番やらないといけないのは、その人たちが一番耐えるということだと思います。

暴力で終わっていた時代は逆に分かりやすかった。体罰は身体の痛みで済むわけですから。社会に出たら心の痛みなんて、半端ないわけじゃないですか。心の痛みが一番きついですよ、生きていて。

――プロ生活の間、肩の痛みと付き合ってきた斉藤さんにあえて聞きたいのですが、近年の野球では当たり前となった球数制限についてのお考えを。いまＭＬＢの先発だと90球から１００球、日本のプロ野球でもなかなか、完投でもかからない限りは１３０球くらいを超えたりしなくなりましたが。

少なくはなってきましたね。いまちょうど野球も変わろうとしている時期かなと思いますね。2019年に関しては沢村賞も該当者無しでしたし。僕はずっと「どうなんやろな」という思いです。僕的には、それが必要な選手に球数制限をしていくのはいいと思うんですけど、まあいろんな価値が変わっていくなという感じはしています。

宮崎のキャンプに行ってきて千賀と対談したときにそれも聞きましたが、彼自身はもう少し投げたいとか、そういう気持ちではいるという風には言っていましたけど、そういう判断をしてもらえない自分の不甲斐なさというのも語っていました。沢村賞も球数制限がどんどん普通になっていったら、該当者はどんどん減っていくと思うんですよね。でも、だからといって沢村賞の、その該当となる項目は変えないで欲しいんです。変えてしまうと僕も含めてですけど、価値が変わってしまうものであるというのは、一番良くないかな。ずっと該当者なしになってしまっても、それはそれとしていいと思うんです。逆にそうした制限がある中で、沢村賞を獲るという価値がさらに上がるのではないでしょうか。

日本のプロ野球でいうと、2000年代に入ってからのゲームは7回、8回、9回が一番大事になっているんです。そこの守りを固めたいというチームが多くなってきました。そうなると、終盤の抑えのシステムがしっかりしているチームほど、当然のように先発ピッチャーが投げるイニング、球数というのは少なく抑えられるという傾向があります。でもそういう中でも、先発に比べて中継ぎとかリリーフとかのクローズアップは少ないですよね。野球はそうやって変わってきているのに、まだ先発ピッチャーが花形みたいな感じになってしまっている。たとえば先発ピッチャーよりも7回〜9回に投げるピッチャーの方が花形のポジションになってくるのであれば、それはそれで僕は受け入れます。

でも僕は先発でやっていたので、先発ピッチャーの魅力って何か?っていうところも含めて、勝つだけが魅力じゃないと思い続けています。一人で投げて、時には一人で打ちに行く姿、終盤しんどい時にそこをどう乗り切っていくのかっていうのを、何試合見せることができるのか。大切な試合をどれくらいものにできるのか、というのは、先発ピッチャーの醍醐味というか、生き様のような気がしています。正直、そういうのは古いのかなって思うこともありますけど、球数を制限しながらピッチャーを使っていくという方向でこれからのプロ野球が進んでいくのなら、先発ピッチャーはメジャーみたいに中4日ないし5日で回していくほうが、もっと勝つ確率は上がるんじゃないでしょうか。完投や完封は、なかなか見れなくなるでしょうけど。

もちろんいまの時代、打撃技術の進化はあるし、道具の進化もあります。ビデオによる研究や事前の情報収集なども進んでいるので、なかなか「こうあるべき」とは言えないですよね。難しい問題です。でも、制限とかケガのリスクとか、リスクマネージメントをしすぎることで、本来持っている最大のパフォーマンスが出せない、本当ならもっと出せるのに、という状況にはならないで欲しい。保守的な考えで安全な方向にばかり進むのではなく、プロなら常にリスクのギリギリで戦っていて欲しいと思うんです。誤解しないでいただきたいのですが、決して、リスクを負えといってるわけではありません。ギリギリのラインまで自分を追い込めるか、追い詰められるかというところで勝負していて欲しいのです。

――そこはやはり高校野球と違うところですよね。

魅せるというのは大事ですから。ただ勝てばいいというわけではない。こんな言い方をすると誤解されるかもしれませんが、8回までノーヒットに抑えているピッチャーを、勝利のためとはいえ交代させる野球はやっぱり面白くない。ファンがそう思ってしまう。結果としてはいい結果が出たとしても、そういう勝ち方はファンが望むものではないと思います。

そういう面では長嶋さんとか、魅せながら勝つ、勝ちながら魅せる。ただ勝つというだけではない。人気があるというのはそういうことで、魅せて負けるは駄目ですけど、勝つ中にも魅せるという大前提がある。やはりプロは技術屋なので、その技をどうファンに楽しんでもらうのかを忘れてはならないのではないでしょうか。プロ野球全体が忘れてはならないことでもありますね。

――集中力って誰しもが、世の中で社会生活をしている限り、仕事をしている人だったら必ず求められるじゃないですか。それはプロ野球の選手であろうが、一介のサラリーマンであろうが同じことで、その集中力を高める、維持するために斉藤さんは何か特別にやられたことってあるんですか？

いや、そういうのないですね。

僕、基本的に集中力がないので（笑）というか、ないと思っています。現役の頃も集中力を高めるために何かをしたことはありませんでした。ただ、無駄は省きたい、効率よく動きたいとは常に考えていました。自分のことだけなら多分集中できていないですね。自分が痛むだけ、つまり絶対に無理をして、そして、しなくていいような故障をしていたはずだというのがよく分っていたので。

野球はチーム競技。それに対して多くのファンが応援してくれている、というのは常に感じながらプレーしていました。僕が投げて勝利したり、抑えたりしたら喜んでくれる。みんなを助けることにもなるということが分かっていたので。初勝利の時に皆が喜んでくれたの、常に心に残っているんです。だけど、自分のことだけならそんなに頑張れないです。誰かの気持ちが入っていたりすると、やはりこの人のためにとか、何かのために、誰かのために、っていう風に考えることで僕は力が出せるので、野球に関しては集中力が出たのは、そういうときかな。

正直、自分のことはもちろん一番に考えていますし、自分さえよければという考えがないわけではないです。でも、何かするということに関して、特に仕事の面では、誰かが僕のために時間を割いてくれていたり、僕がいないところでいろんなことを考えてくれていたりするとか想像すると、「じゃあ僕ができることを一生懸命やらないといけないな」という、ただシンプルにそう考えてしまうんです。自分にできることをやらせてもらう。もう、そこだけですね、大切にしているのは。

それは解説の仕事でもそう。いま僕がそこでお仕事をさせてもらっている状況を作ってくれたテレビ局の人がいたり、それを聞いてくれる視聴者の人たちがいたりとなると、そこに対して責任を持って臨まないといけない、という思いを大切にしています。僕は野球以外、プレー以外に、それ以上の生きがいというかやりがいをまだ感じていません。引退後のいまの状況が、自分が望んでいた生き方なのかと言われると、迷うこともありました。でも僕の根本には、仲間のためとか、お世話になった周囲の人のためとかという基本的な考え方があるので、結局それは、野球をやっていた時と一緒だろう、というように考えているんです。やるならやっぱりみんなで、途中で紆余曲折あったとしても、最終的にはみんなでよかったたね、って思える方向に行くために、微々たる力かもしれないですけど、その力を精一杯出せたらいいなっていうのは常にあります。

斉藤和巳の銀言

To learn by Ace Pitcher's experiences

32

自分の道具は自分で管理するのが"野球"というスポーツ

野球は、道具の手入れに関しては個人。専門のホペイロさんがいるサッカーなどとは違う文化。プロに入ってもスパイクを磨き、グローブを磨くのが生活の一部だった。野球選手にとって、道具と向き合っている時間は大切な時間である。「道具を手入れしながら、なんかいいことあってくれ！　と思うことは僕だってあります」

33

野球教室で実技に入る前、子供たち全員に発言させる

野球教室の2～3時間で、子供たちを上手くさせてあげる

ことなんて絶対にできない。ただ、子供たちに〝考える〟ことを意識付けさせる。上手く投げることよりも、考えること。それが上手くなるための一番の近道となる。考える力が付けば、他者からのアドバイスの良し悪しを分類できるようになるし、捨てる作業もできるようになる。〝聞く力〟というのは大切だが、それ以上に〝聞き流す力〟の大切さを教えていきたい。

34

怖いのは、子供以上に熱を出す親たち

指導していて、ときどき「これは」という子供に出会うことがある。でもほとんどの場合、その子の能力を指導者や親たちはわかっている。問題は期待のあまり、子供以上に周囲が熱を出してしまうこと。そのプレッシャーが大きすぎて、子供

が重圧に押しつぶされたり、野球嫌いになったりするのが怖い。
「野球教室が終わったら野球がもっと好きになっていた――
そんな指導をやり続けたい」

35

走ることで鍛えられるのは下半身だけではない

上手く、速く走るためには足はもちろん、腕も使わなければならない。科学的運動トレーニングの世界ではもはや常識となっている。海外の短距離選手がものすごい上半身を作っているのは、腕を振る筋力の重要性が判っているから。子供たちの場合、走ることで自然にそれは身についていくことだが、大切なのはただ走るのと、意味を持たせて走るのとでは力の付き方に違いが出てくる。単にグラウンド20周ではなく、どういう意識で走るのか、なぜ走るトレーニングが必要なのかを考えることが大切である。

「野球を始めたばかりの小学生に走らせるのはいいが、僕はいろんなスポーツを経験させて走る楽しさを教える方がいいと思う。いろんな動きを覚えることで、自然に脳を鍛えるから」

斉藤和巳の銀言
To learn by Ace Pitcher's experiences

36

先発ピッチャーの魅力は勝つことだけではない

斉藤は美学を持った先発ピッチャーだった。一人で投げて、時には一人で打ちに行く。終盤の息詰まる場面をどう乗り切っていくのか、そんな試合を何試合見せられるのかが、先発ピッチャーの生き様である。野球の形が変わってきた現在、その考え方が古い時代の価値観であることは充分承知しながらも、それでも斉藤は先発ピッチャーに美学を求めている。なぜなら、プロ野球は〝魅せる〟ことが大前提の興行だからだ。

「ギリギリのラインまで自分を追い込めるか、追い詰められるかというところで勝負していて欲しい」

37

僕に集中力はないが、無駄は省きたい、効率よく動きたい

野球はチーム競技。自分に集中し過ぎると無理をしていい結果にならないことが分かっていた。自分のことだけならそんなに頑張れないけど、誰かのためにと思うと力が出せた。だから、チームのためと思えば頑張れたんです。

K.SAITOH
66

第12章

伝説の試合

再び語る伝説の試合の価値

――斉藤さんと2006年のプレーオフ第2ステージ、あの日ハム戦はセットで語られることが多いですけど、ご自身ではいま、あの試合はどういう評価なのでしょうか？

いまだにあの試合のことは、気にしてもらったり、話題にしていただいたりしています。僕の中ではもう、「それも野球の一試合」という感じなんです。前にも話したように、僕の中の答え合わせは済んでいます。

最後の最後での僕の負けのクローズアップ。

２００５年～２００６年ぐらいから僕は負けない、というのはこの世界で浸透していっていたし、僕自身もそれを感じていました。僕が勝っても当たり前なんですよ、本当に。メディアで大きく扱われることはないんですよ。新聞もそうですし。地元紙は大きく取り扱ってくれたけど、全国のテレビは、僕が勝ったとしても、僕が打たれているところが映像に流れたりしていました。それはもう見ればわかりますよね。でも僕は、それは僕の勝ちだと思っていました。負けた時にどれだけ大きく取り上げられるかというのは、僕の勝ち。プロ野球選手として間違ってなかったことの証明でもありますから。みんなの記憶にも僕がいるわけですからね。

ただ当時は、その後ずっと〝悲劇のヒーロー〟扱いされて、絶対その名目が出ていたんで、それはすごく悔しかった。悲劇のヒーローなんていないと思っていたし、僕の中でヒーローは勝負の世界で勝つ、負けたところにヒーローなんていないという考えだったので、悔しかったですね。でも、野球をやめてから、あの試合結果に向き合えるようになりました。当時は言われることにいい思いはしなかったけど、僕の時計はそれからもずっと動いていた。引退してからあの試合の大きさを感じました。

実は僕、その次の年も試合で投げているんです。次の年は10日くらい投げたら抹消、投げたら抹消の繰り返しでボロボロでしたけど。でもみんなの中では、その印象って全然ないんですよね。僕がリハビリをしている時に、みんなの中ではあの強烈な幕引きの2006年で止まっているんです。だからインタビューを受ける度に、その時を動かしたくてしょうがなかった。

――現役最後の登板は2007年だったんですね

2007年は12試合に投げて6勝3敗でした。でもそのことは皆さんの記憶にはないんですよ。それは分かっていたんですけど、すごく悔しかったですね。みんなの記憶の時計を動かしたくて、そこも僕のモチベーションの一つになっていたほどでした。結局、その時計の針は動かすことはできなかったですけど、僕の中ではもう悔いは残っていないです。

そして2007年10月8日のクライマックスシリーズが僕の現役最後の日。それがまた、たまたま小久保さんの誕生日だったんですよ。現役最後の、一軍登板の最後の日が小久保さんの誕生日と重なるなんて、不思議なご縁だなと思いました。まあ、僕が勝手にご縁を感じているだけなんですけど、現役最後の日が小久保さんの誕生日でよかったって思っています。

――斉藤さんの2度目の手術はアメリカ。外国で手術するのって細かいニュアンスが伝わらないから怖い気もするのですが、いかがでしたか？

僕は全然英語わからないですけど、向こうは主治医がいて、肩の専門医がいて、言葉は分らないですけどしっかり連携しているというのは分かりました。通訳を介してですけど、いろいろ話して考えてくれているって、すごく安心感がありました。日本とは違う安心感というか、向こうは持ち場がはっきりしているので、それ以上のことはやらない。でもはっきりしている分、いろんなことが見えやすい。それはリハビリしていても、すごく安心感がありましたね。この人達に任せておけば、この人たちのメニューをやっていればと。そういうしっかりしたシステムは、当時の日本にはないなと思いました。元永さんの本にも詳しく書かれていますけど、アリゾナでのリハビリではたくさんの経験をさせてもらいましたからね。

——斉藤さん、いまはどのくらい投げられますか？

キャッチボールに毛が生えたぐらいですね。でもトレーニングはしています。ジムにも行っています。けどもう、そんなに投げられないですね。去年、宮崎でジャイアンツとホークスのＯＢ戦やったんですけど、目一杯投げて１０３㎞でした。それも肩がちぎれそうな感じで、それで１０３㎞。

もう投げたくないです（笑）。

やめてからいろいろ、投げる仕事の依頼も来ましたけど、すべて断っています。野球は充分お腹いっぱいになりました。そう思えていることは幸せだと思います。草野球とかも誘われることありますけど、全然行かない。

斉藤和巳の銀言

To learn by Ace Pitcher's experiences

38

負けたときに大きく取り上げられた2006年のプレーオフは、プロ野球選手として間違っていなかったことの証明。だから、僕の勝ち。

あの、涙のサヨナラ負けを斉藤は〝自分の勝ち〟と分析していた。チームは負けたかもしれないが、その夜のスポーツニュースや翌日の新聞各紙は、マウンドにひざまずく斉藤の姿が、勝った日ハムよりも大きく取り上げられていた。プロ野球選手としては望む結果ではなかったかもしれないが、長く記憶に残る試合を演出できたのだから、斉藤自身にとっては勝ちに等しい脚光だった。

「あの強烈な幕引きを僕の現役最後と勘違いしている人は

多い。みんなの時計が2006年で止まっているので、インタビューを受けるたびにその時を動かしたくてしょうがなかった」

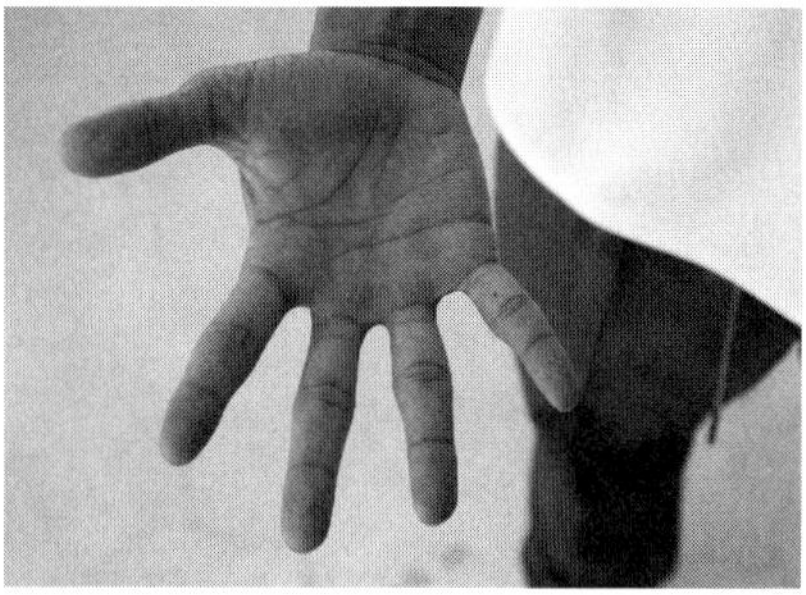

第13章

コロナ禍の再放送で日本が再び震えた松坂大輔とのラストマッチ

もがく松坂から見えた本当の凄さとは

――コロナの自粛期間中、NHK「あの試合をもう一度」の中で2006年のプレーオフが放映されました。松坂投手との投げ合いは放送中のSNSでも大変盛り上がっていましたが、7回に斉藤さん、一度ベンチへ鼻血の治療で戻られましたけど、あの時ベンチ裏ではどんなやり取りがあったのでしょうか？

あの時はベンチに戻るかどうか一瞬迷ったんです。ピンチはピンチだったんですけど、流れ的に一回スイッチを切ってしまうと、自分の気持ちをまた上げていかなければならないようなことになるかなと。そういうことを瞬時に考えたんですけど、後々になって、あのとき戻って止血の詰め物をしておけばよかったと思いたくない気持ちの方が勝って、勇気を持って審判に鼻血の治療を申し出たんです。ですから、ベンチでは監督やコーチから何かを言われたりすることはなかったですね。とにかく早くマウンドに戻りたかった。間を空けたくなかったんです。

斉藤は「〝この1球〟を万全で投げるために後悔したくなかった」からベンチに戻った、とNHKでは放送されたみたいですが、とにかくすべてを後悔したくなかったんで、どっちの判断がいいかなと考えていました。無死1、2塁で、まあピンチの状況でしたからね。

――試合後、松坂投手は「斉藤さんは見ていてこっちの気持ちも入るピッチングだった」と語ったそうですが、斉藤さんご本人はどういう気持ちだったのでしょうか？

あの試合は特に、シーズン後に大輔のメジャー行きが分っていて、これが最後の試合になると思っていました。チーム的にも2年連続でプレーオフ敗退していましたし、この年は王さんも癌で闘病されていましたから、いろんな思いがこもった試合でしたね。試合展開も1点を争うような状況で、相手は大輔だから味方もそう簡単に得点できるわけではない。また9イニングを計算する余裕もなかったし、目の前の1イニングをどう抑えていくかという中で、その後のゲームプランをどうしていくかというくらいしか考えられなかった試合でした。

——最近、よくギアが上がるという表現を耳にしますが、あの試合の7回に1点取られた後のストレート勝負はギアが上がっていたのでしょうか？

僕は余裕があるときはカーブの比率が上がるのですが、ピンチの時は真っ直ぐとフォークの組み合わせが多くなるんです。シーズン中はずっとそういう感じでしたし、的場（捕手）のリードもそういう傾向でしたね。だから、ギアが上がるというのはもう一回気持ちを入れ直すボールを投げることだと思うんです。

ただ、僕の場合、ギアが上がるのはピンチの時だけではなくて、試合の流れの中で意識して上げていましたね。特に味方が得点した後のイニングの先頭バッターに対しては、それが8番打者や9番打者であっても絶対に抑える気持ちで投げていました。別に下位打線に対してギアを上げる必要はないと周囲は思っていたかもしれないけれど、試合の流れの中でこの先頭バッターは出せないと思うと、そこはピンチじゃなくても行くようにしていました。僕は常に試合の流れというか空気感を感じるように心がけていて、そこは敏感でいたいと思い続けていました。それまでの経験や記憶が残ってるんだと思っています。それまで見てきたプロ野球の試合、小学校、中学、高校で経験した試合、プロに入ってからの試合と、あらゆるゲームを経験とするようにしていたので、「こういう状況だとこういうことが起こりがちだよなー」というようなことが、現役の時はパッと頭に浮かんでいました。でもそこで不安になるのではなく、それは自分の経験として身体の中に入れているので、冷静に対処できていたと思います。非常に感覚的な話ですけど、僕はそうでした。

――あの試合後に和田さんが「斉藤和巳は気持ちの強いピッチャーだった」と話されていましたが、ピッチャーの気持ちの強さってバッターボックスで分るものなんでしょうか？

どうなんでしょう、自分自身のことなので相手のバッターがどう感じたかはよく分らないですけど、簡単に言うと、あのマウンドに上がっている以上は絶対に諦めないですし、絶対に無駄な1球も投げたくないという気持ちでした。あと、いつ投げられなくなるか分からないという思いを背負って投げていましたし、僕が投げる1球は自分だけの1球ではないとも思っていました。だから、ただ簡単に投げる1球は投げたくなかった。まあ、諦めないというか、諦められない気持ちでしたね。

――番組の最後で「いまの松坂投手が苦しんで投げている姿は、きっと若い野球選手に何かを感じさせるだろう」という斉藤さんのコメントが紹介されました。解説の方が「辛いリハビリを経験した斉藤和巳だからこそ言葉が重い」とおっしゃっていました。

そうですね、スーパーが付くくらいのスターですからね。僕から見てもそうですし、松坂世代という言葉もあるくらいですから。日本を背負ったこともある絶対的エースでしたし、そういう男が最後にあがいている姿を見せているのは、なかなかできることではないと思うんです。あそこまで行った人間ですからね。

アマチュアの時から高みに登り、メジャーまで行った男が一気にいまの状態まで落ちてきている。手術を繰り返して、ホークスに来ても3年で1試合しか投げられていないという中で、中日に、そして西武に移籍してもまだ投げたいという気持ちを持ち続けている。叩かれても叩かれても、マウンドに上がってまだ投げることにこだわる。僕は大輔のメンタルの凄さを、ここ数年は本当に強く感じています。だから若いとき、あれだけできたのでしょう。

僕はここにきて、その強さの本質が見えたような気がしています。イチローさんとの初対戦で「自信が確信に変わった」という名言も、それは言えるだろうと、その強さを知ったいまなら理解できます。多くが憧れた松坂大輔ですからね、いまの姿はそういう選手たちやコロナの影響を受けて困難に立ち向かう人たちにも何かしらのメッセージが残せるんじゃないかと思っています。あのあがきは誰もができるあがきではありません。僕のあがきとは全然質が違うものです。本当に大したものだと思いますよ。

斉藤和巳の 銀言

To learn by

Ace Pitcher's experiences

39

松坂大輔の本当の凄さは、もがき続けるいまの姿にある

超がつくほどのスーパースター松坂大輔。アマチュアからプロ野球、日本代表のエース、そしてメジャーへと飛躍していった、誰もが憧れる存在。その松坂が帰国したソフトバンクホークスで投げたのは3年間で1試合だけ。その後中日へ移籍して復活したように見えたが、さらに移籍した古巣の西武ライオンズでまたケガとリハビリの日々という、苦しい状況下に置かれている。多くの野球解説者やファンは、松坂のそんな姿を見て心無い言葉を投げかける。しかし斉藤は、それでもマウンドに固執する松坂のメンタルに、本当の凄さを見ている。故障とリハビリの辛さ、その孤独を誰よりも知る斉藤の視点に、胸が熱くなる。

「いまの松坂が苦しんで投げている姿はきっと、若い野球選手たちや困難に立ち向かう人たちにも何かを感じさせるだろう」

最終章

エコノミークラスの我々に今必要な〝銀言〟

〝自分に厳しく、すべての苦労は修行〟などという根性論に近いような考え方は斉藤和巳の思考回路にはない。斉藤はもっとスマートだ。たとえ、それに近い経験で自分を鍛えてきたとしても、苦しんだからいまがある、というような考え方にはならない。

サラリーマン社会に当てはめてみても、生産性は上がっているようには見えないのに労働時間だけはやたらと長い人、夜遅くまで会社にいることを美徳とするような人の言葉よりも、定時の出退勤でも効率のいい仕事をして結果を出している人の言葉の方が役に立つし、心に響いてくるのと同じだ。当然、企業にとっても、残業のない勤務で結果を出す人の方がいい人材となるはずである。昭和の価値観がまだ社風として残っているような会社と同じような状況が、野球の世界にも長い間残っていた。いまでは信じられないが、運動中に水を飲ませない指導、足腰を痛めつけるだけのうさぎ跳び、〝たくさんの～〟という比喩を理解できない指導者による実数1000本のノックなど、トレーニングに対する正しい理解が得られていなかった時代が、つい最近まであった。おそらく斉藤は、そのギリギリ過去の時代に現れた、新時代的な発想ができる選手だったのである。

トレーニングの意味などあまり深く考えなくても、提供されるメニューで鍛え上げたパフォーマンスを手に出来るいまの時代の選手とは違い、斉藤はひとつひとつのトレーニング効果を実感しながら、同時に古い因習とも戦ってきた稀有な時代の選手だった。だからこそ、経験から紡ぎ出される言葉がスマートなのである。でもそれは、汗みどろ、血みどろの練習を繰り返して結果を手にした成功者の美談では、まったくない。清濁あわせ飲んでその世界の頂点を極めた、レジェンドたちが発する成功譚でもない。プロなんか行けないと思っていた高校生が入団してすぐにケガをし、約5年の雌伏の間にトレーニングの意味を知り、プロ生活で79勝という名球会の基準からすれば半分にもならない成績なのに、いまだ語り草となって野球ファンの心に残り続けている、稀有で魅力的なピッチャーの、冷静な思考回路から発せられる言葉なのである。

その立場から考えればおそらく、斉藤の言葉は成功者側ではなく弱者側の言葉だ。だからこそ、日々の生活に追われ、思い悩むわれわれの心が斉藤の言葉で救われる。プロ野球という特殊な世界で直面した壁、逆風に対して、どのような思考回路でそれに立ち向かっていったのか。そのスマートな考え方は、一般社会でも充分に通用するはずである。

ファーストクラスに座る成功者や経営者には金言を拝聴させておけばいい。でも、エコノミークラスに乗るわれわれに必要なのは、斉藤和巳の〝銀言〟なのである。

あとがき

福岡を離れ東京に来て、あっという間の7年だった。知らない土地で野球以外のことに挑戦することには多少の不安もあったが、当時を振り返ってみると、プロ野球という厳しい実力社会の中で、困難と向き合い、考える力や打開する術を養った自分にとって、新しい世界での挑戦への期待の方が大きかった。無謀のようにも思えるが、何のあてもなかったからこそ、その道を選んだような気がする。人はついつい楽な方を選びたくなる生き物だが、自分は常日頃からそういう選択があれば敢えて厳しい選択をしてきた。単なるあまのじゃくなのかもしれないが、そこに自身のポリシーが存在していると思う。プロ野球の世界では多少なりともやり遂げられたことがあるが、人生はこれから、まだまだ長い。

アスリートのセカンドキャリアについて色々と意見が交わされ、各団体での動きも見えるが、実態はほとんど何も変わっていないのではないかと思う。私自身、そこへの関心が低い訳でもないし、現役時代からの準備や心構えなどを伝えるチャンスがあれば伝えたい。さらに自分自身が元アスリートとして新たなセカンドキャリアのスタイルを確立させ、そこに雇用の受け皿ができれば最高だと考えている。

今回の書籍を出版することで、自分の人生を一度棚卸ししたような感覚もあり、新しいスタートラインに立てた。生きていく上での探求心は常に忘れたくないものだ。今、自分に対して「大人チャレンジ」というキーワードを胸に刻み、本業であるプロ野球解説の仕事以外にも精力的に活動している。学童少年野球の子供たちを対象にした「斉藤和巳ベースボールアカデミー九州」やそれに付随する「アカデミー・サンタ基金」。東京で新たに誕生したアパレルブランド「DOUBLESIKS」のプロデューサー、野球の奥深さや楽しさはもちろんのこと新たなプロジェクトを発信する場でもある「斉藤和巳YouTubeチャンネル」など、各スタッフや仲間と試行錯誤する時間を大切にし、知らなかったことをたくさん学びながら日々前進している。変化している自分は嫌いではない。変化とはまさに進化だと思う。

最後にプロ野球の現役時代にお世話になった沢山の皆様へ、そして引退して第2の人生をスタートさせてから出会い、教えを頂いた全ての皆様に、この場をお借りして感謝の気持ちを伝えさせていただきたい。

ありがとうございました。

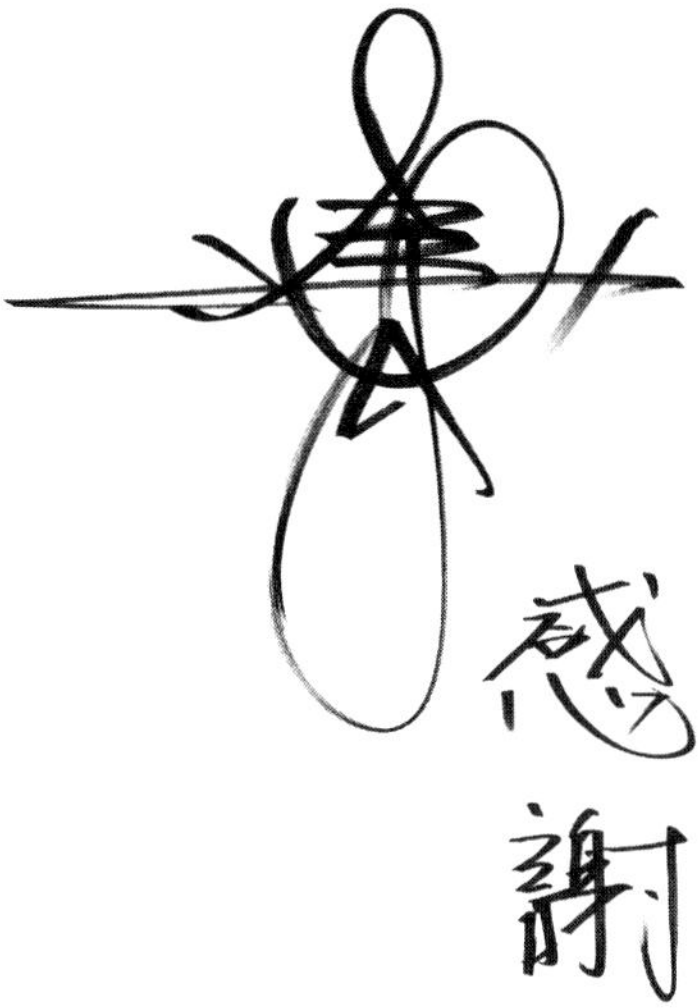

斉藤和巳

斉藤和巳さんに初めてお目にかかったのは、岩手県予選の決勝を「連投になるから」という理由で投げなかった、大船渡高校の佐々木朗希投手（現ロッテ）の話題がメディアを賑わせていた時期だった。

100年以上続く日本人のナショナル・パス・タイム、高校野球。世界のどこにもない独特の価値観、不可触領域を持つ高野連。その高野連の傘下で開催された地方予選の決勝が、これほど注目を集めたこともなかっただろう。野球関係者や評論家、メディアを巻き込んだ議論となったこの話題は、大別すると「投げさせるべきだった」派と、「監督の勇気ある決断を称賛」する派に分かれていたと思う。佐々木投手が、根性論が学生スポーツを支配していた昭和生まれ、もしくはそういう考え方の指導者の下にいたなら、間違いなく投げていたのではないだろうか。

斉藤和巳さんは昭和生まれの投手としては珍しく、高校時代の指導者から投げ過ぎないような育て方をされていた。野球強豪校でなかったことも幸いしていたのかもしれない。当時の南京都高校の指導者もまた、斉藤投手に対して勇気のある判断をされていたのだと思う。

だから僕は聞きたかった。あのとき佐々木投手が投げなかったことを、斉藤さんがどう考えていたのか。マスメディアを通さない、生の声を聞きたかった。

しかし、斉藤さんの答えは、メディアのどこからも聞こえて来なかった答えだった。

「彼、エースであると同時に4番バッターだったでしょう。だったら、バッターとして出場する選択肢、あるいは監督にそう直訴することは出来なかったんでしょうか。最後になるかもしれない甲子園予選。3年間一緒にやってきたチームメートのことを考えたら、僕はバッターとして出場すべきやったと思います。」

心の中で「これだ!」という声が聞こえた。佐々木投手の類稀な才能に日本中が注目する中で、裏でも表でも、紅でも白でもないこの解答。

野球というスポーツを俯瞰して見ることができるこの才能、それを言葉にする視点の妙が斉藤和巳さんの魅力のひとつだと思う。その思いは、会話の録音を聞きながらキーボードを叩き続ける中で、確信へと変わっていった。

一野球ファンとして、ロッテの佐々木投手には是非とも、斉藤和巳さんのような〝心が震える〟投手を目指してもらいたいものだ。

インタビュアー　土居輝彦

なぜ、どうして、この企画を立ち上げようという思いに至ったのか？　それは完成した最終原稿を読み返す中で答え合わせをすることができた。

斉藤和巳という男から発せられるシンプルで軽快な言葉の一つひとつには力があり、重みが感じられる。彼の一言ひとことがビジネスの世界に身を置いてきた私に多くの刺激を与え、時に座標軸のように一歩先を示し、そして戦うための勇気を与えてくれたのは間違いのない事実だ。これをたかが私一人が享受してもらって良いものなのか、いやそれは違う。そうした自問自答を経て、私はこのプロジェクトをスタートしたのだった。

プロ野球界とアパレル業界、プロ野球選手とマーケター、というように彼と歩んだ軌跡は全く異なる。何かを成し遂げて勝利を掴んだり、目の前にある課題を解決したり、立ちはだかる壁を乗り越えて突破するには、たとえ職業や職種、役職や置かれている立場が違ったとしても、必要とする思考プロセスであったり、その前提となる「どう考えるか？」「どう物事や事象を捉えるべきか？」「どう人と対峙するか？」は共通した課題なのだろう。

生存競争が益々激しくなるこれからの時代の中で、負けない戦いを成立させるためには一喜一憂せず、肩の力を抜いて冷静にそしてシンプルに考える時間が必要だと再認識することができた。これは生活をより楽しい方向に導いてくれることにも繋がるのだ。

予想もしなかった２０２０年のコロナ禍は沢山の悲劇や経済的なダメー

ジを世界に与えることとなった。未来を見据えた私たちにとって多くの不安要素がのしかかる。自分自身を強い人間だと言える人は少数派ではないだろうか。大多数の人が弱さと向き合いながら前に進んでいかなければならない。斉藤和巳の銀言が様々な課題解決のヒントとなり、勇気ある行動そして決断に繋がることを願っている。

この書籍を手にされた方は、決してパーフェクトを追い求めず、時に諦める覚悟や失敗を受け入れるための心のスタミナ、それらの重要性に気づくだろう。今後の仕事や教育、そして生活する上での活動全般に勇気や希望をもたらし、より良い方向に一歩前進できるはずだ。

その読者第1号が私なのだから。

プロデューサー　竹内大介

感謝

Profile プロフィール

斉藤 和巳 KAZUMI SAITOH

著者/元プロ野球選手、野球解説者
1977年11月30日生まれ京都府出身。1995年、福岡ダイエーホークスにドラフト1位で入団。 背番号66.右投げ右打ち。身長:192cm

150km超えのストレートと2種類のフォークを武器に、沢村賞2回、最多勝2回、最優秀防御率2回、最多奪三振1回など数々のタイトルを獲得し、球界を代表する先発投手として活躍。生涯勝率は.775で負けないエースとしてホークスの優勝に貢献。プロ野球ファンからは魅了した記憶に残る選手として称賛を受ける。2007年の登板後、右肩の故障と手術により戦列を離れ、6年間に及ぶ懸命なリハビリに励むもマウンドには戻れず2013年に現役を引退。引退後はテレビ東京・TVQ九州放送の野球解説者と西日本スポーツ新聞の専属評論家として活動。2019年には野球人生を振り返った初の書籍「野球を裏切らない」(著者 元永知宏氏)が出版される。そして2020年4月に自身のYouTubeチャンネルを開設。TVでプロ野球中継が放送されることが激減している昨今に於いて、プロ野球人気を取り戻すべく野球の奥深さや楽しさ、そして選手にクローズアップした企画を発信している。

土居 輝彦 TERUHIKO DOI

本書インタビュアー/元monoマガジン(ワールドフォトプレス社)編集長。現monoマガジン編集ディレクター。これまでワールドフォトプレス社他で数多くの雑誌を創刊し、現在もFM cocoloへの情報提供、執筆、講演活動、大学講師、各自治体へのアドバイザーなど精力的に活動中。また新潟県IDSデザインコンペティション審査委員長なども兼任中。

竹内 大介 DAISUKE TAKEUCHI

本書プロデューサー/フィリップモリスジャパン、ダイワ精工、ヘインズブランズジャパンなど異なる業界・メーカーに23年間在籍しマーケティングに携わる。後にマーケティングのアウトソーシングを推奨し、スマート経営を提案するD Communityを設立し代表CEOを務める。「戦略とは台本だ。」をポリシーに掲げ、ブランド戦略家としてモノ・コト・サービス・ヒトの各分野に於いて、各企業や個人が抱える課題の本質を捉え、リブランディングを通してブランド価値の最大化に取り組んでいる。体系化された取り組みが進んでいないビジネスシーンに「ブランド化」することの重要性を唱える。現在は複数企業の取締役や執行役員CMOにも就任している。

斉藤和巳

エースの銀言

2021年1月24日　初版 第1刷発行

Autho　斉藤和巳 Kazumi Saitoh

Producer　竹内大介 Daisuke Takeuchi
Interviewer　土居輝彦 Teruhiko Doi
Designer　濵田真二郎 Shinjiro Hamada
Photographer　山仲竜也 Tatsuya Yamanaka

Publisher　星野邦久 Kunihisa Hoshino
Publishing Exctive　住吉暢彦 Nobuhiko Sumiyoshi

著者　斉藤和巳
発行人　星野邦久
編集人　住吉暢彦
発行所　株式会社 三栄
〒160-8461 東京都新宿区新宿6-27-30
新宿イーストサイドスクエ7F
編集部:03-6897-4640 販売部:03-6897-4611
受注センター:048-988-6011

ISBN978-4-7796-4273-9